당신의 소중한 꿈을 이루는 보물지도

HIAWASENA TAKARACHIZU DE ANATA NO YUME GA KANAU
by Toshitaka Mochizuki
Copyright © 2003 Toshitaka Mochizuki
All rights reserved.
The original japanese edition published Goma Books Co.,Ltd.,Tokyo
This Korean edition is published by arrangement with Goma Books co.,Ltd.,Tokyo
through Tuttle-Mori Agency, Inc., Tokyo and EntersKorea Co.,Ltd.,Seoul.

이 책의 한국어판 저작권은 (주)엔터스코리아를 통한
일본의 Goma Books Co.와의 독점 계약으로 도서출판 나라원이 소유합니다.
신저작권법에 의해 한국 내에서 보호를 받는 저작물이므로
무단 전재와 무단 복제를 금합니다.

당신의 소중한 꿈을 이루는 보물지도

1판 80쇄 발행 2009년 06월 05일
2판 90쇄 발행 2017년 04월 10일
3판 9쇄 발행 2023년 01월 05일

지은이 | 모치즈키 도시타카
옮긴이 | 은영미

펴낸이 | 이종근
기　획 | 은영미
펴낸곳 | 나라원
등　록 | 제300-1988-64호(1988. 4. 25)
주　소 | (03105) 서울 종로구 종로53길 27 나라원빌딩
전　화 | 02-744-8411
팩　스 | 02-745-4399
홈페이지 | www.narawon.co.kr
이메일 | narawon@narawon.co.kr

ISBN 978-89-7034-291-7 13320

* 잘못된 책은 구입하신 곳에서 바꿔 드립니다.
* 책값은 뒤표지에 있습니다.

당신의 소중한 꿈을 이루는
보물지도

My Dream Building

모치즈키 도시타카 지음 | 은영미 옮김

나라원

이 책을 읽고 나서

당신이 가장 먼저 해야 할 일은

일주일 안에

이 세상에 단 하나뿐인 당신만의

보물지도를 만드는 일입니다.

그때부터

당신의 소중한 꿈들이 현실이 되어 나타나는

놀라운 경험이 시작됩니다.

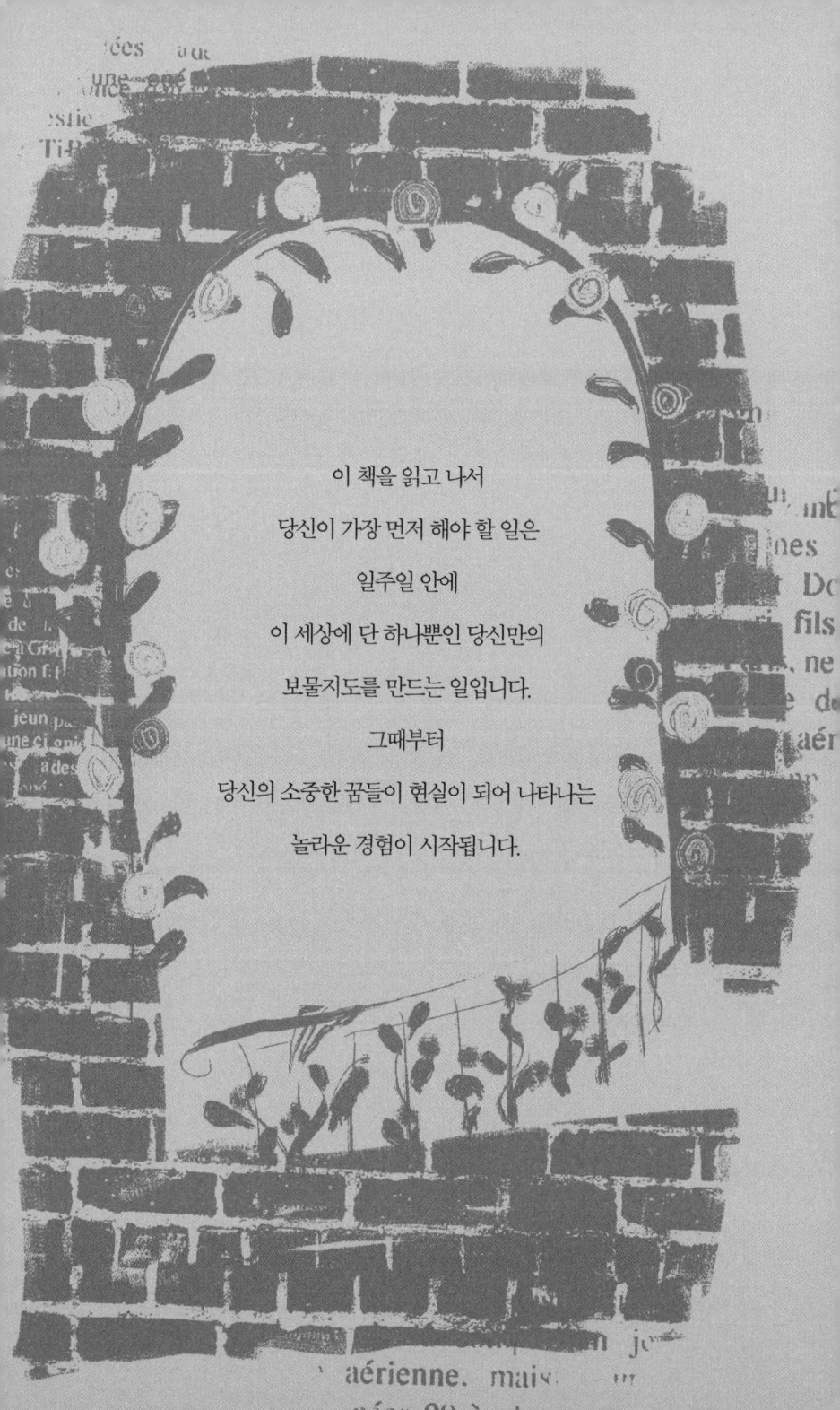

추천의 글

혼다 켄
경영컨설팅 회사, 회계사무소, 벤처캐피털 회사 등을 경영. '행복한 작은 부자' 시리즈로 일본에서 연이은 베스트셀러를 기록. 일본 전역에서 진정한 부와 행복에 관해 강연, 카운슬링, 세미나를 개최하고 있다.

저는 지금으로부터 약 15년 전, 이 책의 저자 모치즈키 도시타카를 보물지도 세미나에 참석해서 처음 알게 됐습니다. 그를 만난 건 저에게 큰 행운이었습니다. 그때 그의 도움으로 만든 보물지도가 지금의 저를 만들었다고 해도 과언이 아니니까요. 마음의 평안, 경제적인 풍요, 멋진 집, 갖고 싶던 차, 자유로운 시간, 사랑하는 사람과의 행복한 나날, 가족과 친구와의 돈독한 관계 등 당시 보물지도에 담았던 것보다 더 큰 소망들이 실현되었습니다.

모치즈키는 참으로 놀라운 능력을 가졌습니다. 많은 사람들이 그를 통해 소망을 실현하게 되니 말입니다. 이번 기회를 통해 그에게 다시 한번 감사드립니다.

　모치즈키는 거의 10년 동안 웬만한 사람 같으면 포기하고도 남을 극한 상황에서도 자신의 미래는 반드시 밝을 것이라고 믿고 인생을 개척해왔습니다. 그 결과 현재 그는 자신의 회사를 성공적으로 이끌어가고 있을 뿐만 아니라 강연, 세미나 등 여러 분야에서 눈부신 성과를 거두고 있습니다.

　이 모두가 보물지도가 가져온 기적이라고 생각합니다.

　많은 분들이 저처럼 보물지도를 만들면서 잊고 있던 꿈을 되찾고 그것을 하나하나 이뤄나가기를 바랍니다.

　조언을 드리자면, 보물지도는 놀이하는 기분으로 만드는 게 가장 중요합니다. 심각하게 고민한 것도, 어렵게 생각할 것도 없이 그저 '이 일이 정말 이뤄지면 어떻게 될까!'라는 느낌만 가지면 됩니다. 보물지도를 만드는 데는 큰돈이 들지도 어렵지도 않으면서 만드는 재미도 있습니다. 무엇보다 꿈이 하나씩 이뤄져갈 때의 그 기쁨은 말로 다 표현할 수 없습니다.

　제 인생에도 일어난 것처럼 당신의 인생에도 얼마든지 일어날 수 있습니다. 당신도 보물지도의 불가사의한 마법에 걸려 보십시오. 그때부터 당신 앞에는 즐겁고 행복한 일들만 가득 펼쳐질 것입니다.

한국의 독자들에게

"정말입니까? 한국 출판사에서 이 책을 출판하고 싶어 한다구요? 그런데 아직 출간된 지 일주일밖에 안 됐잖습니까! 네? 게다가 세 출판사가요…….”

"네, 맞습니다. 출간되자마자 아마존 서점에서 종합 베스트 1위가 되었기 때문인 것 같아요. 어쨌거나 기분 좋은 일 아닙니까? 정말 축하드립니다.”

지금도 전화 저편에서 들려오던 편집자의 들뜬 목소리가 귀에 선합니다.

꿈은 반드시 이뤄집니다. 당신이 진심으로 원하고, 또 열정을 가지고 실행에 옮긴다면 말입니다.

지금 이 순간 희망이 당신의 마음을 노크하는 소리가 들리지 않습니까?

"지금까지 나는 많은 꿈을 꿨지만 어떤 것도 이뤄진 적이 없어. 재능도 없고 학력도 보잘 것 없으니까…….."

이런 한숨 섞인 목소리가 들려오는 것도 같습니다.

하지만 섣불리 단정짓진 마세요. 이 책에 쓰인 방법은 100명 중 1명이나 있을 법한 능력자들을 위한 것도, 하물며 1만 명 중에 1명이나 있을 법한 천재를 위한 것도 아닙니다. 서른여섯 살까지 딱히 내세울만 한 경력도 이력도 없고 번번이 실패만 거듭했으며, 회사에서는 해고당하고 빚까지 진 평범한 남자가 실제로 꿈을 이룬 방법입니다.

즉, 그것은 '보물지도'라고 불리는 최신 심리학과 대뇌생리학으로 검증된 과학적이면서도 누구나 실천 가능한 꿈 실현법입니다.

보물지도만 있으면 당신도 능력자 못지않게 원하는 것을 얻는 능력이 생깁니다. 능력은 '좋아하는 일을 꾸준히 했을 때 얻어지는 결과'이고, 그 과정은 더없이 즐겁고 행복합니다.

자세한 설명은 본문으로 넘기기로 하고요.

이 책 222쪽을 보면, 제가 과거 이 책이 출간되기 전에 만든 '보물지도'가 있습니다. 거기에는 '아마존 서점 베스트셀러 1위'라는 문구가 쓰여 있습니다. 이 선언서를 쓸 때만 해도 아직 이 책의 출간에 대해 전혀 거론되지 않았던 상황이어서 '이렇게 된다면 참 좋겠다'는 정도의 가벼운 마음이었습니다.

물론 보물지도를 만들고 지도해본 경험으로 보았을 때 예정보다 좀 늦춰지는 일은 있어도 '반드시 2, 3년 안에는 이뤄진다. 그러나 올해에(1년 안에) 이뤄진다면 좋겠다' 하는 마음도 한편에 있었지요.

그런데 뜻밖에 한 달도 안 돼 출판 의뢰가 들어왔고, 그로부터 두 달 뒤 저작 완료, 다시 두 달 뒤에 출판. 그리고 출판 초기부터 '보물지도'에 쓴 꿈이 아주 순조롭고 빠르게 이뤄지는 것이었습니다.

심지어 매시간마다 순위가 바뀌는 극심한 경쟁 속에서, 50시간에 걸쳐 아마존 종합 베스트셀러 1위를 차지한 것입니다. 60만 권이 넘는 그 많은 책들 속에서 말이죠.

기적은 그 뒤로도 이어졌습니다.

이 책이 베스트셀러가 된 이후로 여러 나라에서 출간 문의

가 들어오는 등 보물지도에 담은 목표 이상의 성과들이 잇따라 나타났습니다.

지금도 몇십 개 출판사로부터 집필 의뢰가 쇄도하고 있고, 제가 연간 200회 정도 개최하고 있는 세미나에서는 대부분의 좌석이 꽉 채워지고 있으며, 대기자도 몇 개월 뒤까지 줄을 서고 있는 상태입니다.

더구나 보물지도를 읽고 실천한 분들로부터 오랜 꿈을 이룬 이야기며 기적 같은 변화가 일어나고 있다는 얘기들도 속속 들려오고 있습니다.

당신도 이 책을 읽으면 하루라도 빨리 보물지도를 만들고 싶어질 게 분명합니다. 또한 만들면서 느껴지는 기분 좋은 흥분과 즐거움에 시간 가는 줄 모르고 몰입하게 될 것입니다.

이제부터 '보물지도'로 꿈을 이룰 사람은 지금 이 책을 손에 들고 있는 바로 당신입니다.

일본에 이어 대만, 한국에서도 당신에 의해 '보물지도'의 전설이 시작되려 하고 있습니다. '보물지도'의 세계에 들어온 당신을 진심으로 환영합니다. 당신이 꼭 이루고 싶어 하는 소중한 꿈을 향해 지금 힘차게 첫걸음을 내디디십시오.

프롤로그

꿈을 이루어주는 마법의 도구

만약 꿈을 이루는 마법의 도구가 있다면 당신은 그것을 손에 넣고 싶지 않으십니까?

"그런 게 어디 있어!"

"말 그대로 꿈 같은 이야기네."

대부분 이렇게 코웃음 칠 게 틀림없습니다. 먹고 살기도 힘든 팍팍한 현실에 직면하다 보면 그렇게 반응하는 것도 무리는 아닙니다. 실은 저도 그렇게 생각하던 사람이었습니다. 약 10년 전 '꿈을 이루는 도구'를 만나기 전까지는 말이죠.

단언컨대 이는 결코 마술 같은 이야기도 깨고 나면 사라지는 허망한 꿈 이야기도 아닙니다. 제가 직접 경험한 지극히 사실적인 방법입니다.

게다가 그 방법을 익히고 활용하는 데 드는 시간과 비용은, 이 책을 읽는 데 2시간, 도구를 만드는 데 드는 2~3시간, 이 책값이 전부입니다. 이를 뒷받침하는 과학적인 근거뿐 아니라 이 방법으로 성공한 사람은 무수히 많습니다.

그러면 그 획기적인 도구란 무엇일까요?

그것은 동화 속 보물지도가 아닌 바로 꿈을 시각화하는 현실 속의 '보물지도'입니다.

이 책에는 제가 직접 실천하여 성공한 보물지도 활용법과 더불어, 제가 지금까지 30년의 시간과 에너지와 약 10억 원의 자기투자를 통해 배운 동서고금의 꿈 실현, 소망달성, 성공철학, 심리학의 핵심이 전부 담겨 있습니다. 독자 여러분은 이 책을 통해 결코 돈으로는 환산할 수 없는 엄청난 가치를 얻게 되는 것입니다.

방법도 쉽고 간단해서 책이 이끄는 대로 차례로 실천하고 활용하면 됩니다. 그러다 어느 순간 꿈을 향해 조금씩 다가서고 있는 자신을 발견하게 되고, 마침내는 목적을 성취한 멋진 자신과 만나게 될 것입니다. 또한 이 방법은 누구든, 어떤 목표든 간에 마음만 먹으면 평생 활용할 수 있다는 장점도 있습니다. 오랫동안 꿈꾸던 소망을 이룰 뿐만 아니라 소망을 이루는 방정식도 손에 넣게 됩니다. 이는 평생 사용할 수 있는 재산, 절대 줄지 않는 자산을 얻는 것과 같습니다.

당신도 이런 말을 들은 적 있을 것입니다.
'인생은 생각하는 대로 이뤄진다.'
'사고가 곧 현실이 된다.'
'이미지에는 굉장한 힘이 있어서 선명하게 그린 꿈은 반드시 실현된다.'
'입버릇 하나로 인생이 달라진다. 적극적, 긍정적인 말을 항상 복창하라.'
저는 긴 시간 성공과 행복의 법칙을 연구하면서 위대한 성취자, 철학자, 종교가들이 2천 년 전부터 해왔던 이 말들이 사실임을 알 수 있었습니다.

그러나 남다른 의지력과 능력의 소유자라면 몰라도, 저처럼 의지력도 능력도 평범한 사람들로서는 알면서도 실천하기 힘든 경우가 많습니다. 그래서 평범한 사람들이 실패하기 쉬운 이유와 그에 대한 해결책까지 설명하려 합니다.

성공한 사람들이 가진 노하우

제 주변에는 타고난 재능으로 눈부시게 성공한 사람들이 많기 때문에 그들 나름대로 자신들이 경험한 여러 혁신적인 성공법들을 말해주곤 합니다. 그렇지만 이 책에서 소개하는 방법은 앞서 말했듯이 재능이 탁월한 사람이거나 특별한 행운을 거머쥐었거나 타고난 환경의 혜택을 받은 사람만 가능한 방법이 아닙니다.

오히려 천재적인 사람들이 무의식적으로 행해왔던 일들을 보통 사람들도 간단하게 실천에 옮길 수 있도록 연구된 방법이자, 지금까지 성공한 사람들이 단편적으로 말해왔던 것들을 모아서 하나로 집약시킨 방법이기도 합니다. 그래서 평범한 사람도, 저처럼 서른여섯 살이 되기까지 몇 번의 실패와 좌절로 완전히 자신감을 상실한 남자도, 누구나 쉽게 실천할 수 있습니다.

이미 성공자의 대열에 올라선 사람들은 이 책을 보고 나서 저에게 이렇게 말합니다.

"이 책만 있으면 회사 직원들에게 목표를 이루려면 어떻게 해야 하는지를 쉽게 설명할 수 있겠어요."

"누구든 쉽게 꿈을 이룰 수 있도록 잘 구성된 책이더군요."

"제가 말하고 싶던 내용이 정말 잘 정리되어 있었습니다."

즉, 이 책은 수고와 노력이 필요하다기보다 즐겁게 일상적으로 실천할 수 있는 내용을 담고 있다는 증거일 것입니다. 더군다나 읽으면 바로 납득할 수 있고, 이 정도라면 나도 보물지도를 만들 수 있겠다는 자신감이 생기고 만드는 과정도 즐겁습니다.

중요한 것은 실제로 효과가 있느냐인데, 이 또한 보물지도를 만들고 실천한 저를 포함한 많은 사람들에 의해 증명되고 있습니다.

그럼 지금까지 어느 누구도 거의 거론하지 않았던 보물지도의 실체를 밝히겠습니다.

"커다란 종이에 자신의 꿈을 써넣고, 이미지와 사진을 붙입니다. 그런 다음 방에 붙이고 매일 바라보는 일입니다."

이 방법을 시작하면 당신이 꿈꿔온 소망들은 당신의 삶과

균형을 유지하면서 하나둘씩 현실이 되어 나타납니다.

'그렇게 단순한 일로 꿈이 이뤄진다면 고생할 사람 아무도 없게?', '그깟 일로 이뤄지는 걸 보면 큰 꿈은 아니겠지' 하고 의심할 수도 있습니다. 물론 그것이 다는 아닙니다. 저는 거기에 덧붙여 보물지도를 통해 많은 사람들이 꿈을 이루게 된 이유와 그 비결도 전하려 합니다.

이 책을 선택한 당신은 아마 평소에도 진취적이고 적극적이며 행동가에 속하는 사람일 것입니다. 자기 발전을 위해 시간과 돈을 투자한 사람도 있겠지요.

그래서 당신은 어느 부분을 읽다가 이렇게 생각할지 모릅니다. '이미 알고 있는 말이군', '아, 이거. 전에 들어본 적 있어', '나도 해본 적 있는데. 글쎄, 효과가…….'

이미 알고 있는 방법이라도 꿈을 이루기 위해 다시 한번 깊이 이해하고, 또 한번 실천해보면 어떨까요? 그래서 그 일을 생각과 행동으로 습관화시켜서 '제2의 천성'으로 만들어버리는 것입니다.

이미 알고 있고 들어본 말이더라도 '한 번 시도해볼까?', '어떻게 하면 좀 더 효율적일까?', '어떻게 하면 자연스럽게 습관화될까?', '어떻게 하면 더 즐겁게 할 수 있지?'라고 생각하면서 실천해보세요. 예전에는 결과가 별로 신통치 않았다 해도 이번만은 다릅니다.

이 책을 선택한 순간 당신은 이미 예전의 당신이 아닙니다. 하고자 하는 의욕이 있고 배우기를 두려워하지 않으며 미래는 스스로 만드는 것임을 누구보다 잘 아는 사람입니다.

보물지도를 만들면 꿈은 분명히 연이어 이뤄집니다. 꿈의 크기에 따라 실현되는 시간과 속도는 다르지만, 꿈이 이뤄지는 최종 목적지를 향해 한 발 한 발 다가가고 있다는 느낌은 분명하게 얻을 수 있습니다. 매일 가슴 뛰는 일들이 연속됩니다. 진정한 행복의 의미에 대해서도 더 깊이 생각하게 되고 더욱 크게 실감하게 되리라 자신합니다.

제 인생이 그것을 증명하고 있습니다. 제가 십여 년 전의 밑바닥 상태에서 현재 행복한 부자로 소개되기에 이른 것도 다름아닌 보물지도가 있었기 때문입니다. 보물지도 덕분에 저는 꿈꾸던 생활과 좋아하는 일, 좋아하는 사람들에 둘러싸여 하루하루를 즐겁게 살 수 있었습니다.

그동안 제가 누려왔던 행복과 가슴 뛰는 흥분과 행운을 당신께도 나눠드리려 합니다. 당신의 소중한 꿈을 이뤄줄 '꿈의 설계도', 보물지도를 손잡이 삼아서 행복하고 즐거운 마음으로 꿈의 기차에 올라타세요.

   길 안내는 저에게 맡겨주십시오. 보물지도를 통해 앞으로 당신의 인생, 그리고 당신의 미래에 찾아올 극적인 변화를 향해 제가 안내하겠습니다.

                        보물지도 안내인 모치즈키 도시타카

CONTENTS

추천의 글 … 6
한국의 독자들에게 … 8
프롤로그 … 12

1장. 보물지도란 무엇인가

- 꿈을 잡는 사람, 꿈을 깨트리는 사람 … 26
- 당신은 우뇌형인가, 좌뇌형인가? … 29
- 무일푼이었던 미국의 대부호 로키의 방식 … 34
- 많은 사람들이 꿈을 포기하는 10가지 이유 … 38
- 보물지도 만들기 8단계 … 41
- 준비단계: A1크기의 코르크보드 구입하기 … 46
- 제1단계: 보물지도 제목 작성하기 … 49
- 제2단계: 자신의 사진 붙이기 … 53
- 제3단계: 꿈이 담긴 사진이나 그림 붙이기 … 56
- 지금 할 수 있는 일부터 당장 시작하라 … 60
- 제4단계: 기한과 조건 써넣기 … 63
- 제5단계: 꿈이 자신과 주변 사람에게 미치는 영향 생각하기 … 67
- 제6단계: 꿈이 인생 목적과 부합되는지 되짚어 보기 … 70
- 제7단계: 구체적인 행동 목표 써넣기 … 74
- 제8단계: 보물지도 장식하기 … 78
- 부자도 인정한 보물지도의 효과 … 83
- 누구나 알지만 대부분 실천하지 않는 일 … 87
- 3년 만에 모든 꿈이 실현되었다! … 90

2장. 보물지도로 꿈이 이뤄지는 이유

- 성공하는 사람은 늘 성공만 하고,
- 실패하는 사람은 늘 실패만 한다? … 96
- 당신 주변에는 빨간 물건이 몇 개 있는가 … 98
- 꿈과 행복이 지금보다 10배 이상 늘어난다 … 102
- 보물지도의 8가지 효과 … 104
- 소망이 이뤄지는 데는 뇌가 관련이 있다 … 107
- 잠재의식을 내 편으로 만드는 방법 … 110
- 보물지도는 당신만의 일류 코치 … 112
- 자연스럽게 우연의 일치가 발생하는 이유 … 115
- 우연의 일치는 꿈과 가까워지고 있다는 증거 … 117
- 화상 정보는 잠재의식에 강력하게 작용한다 … 120
- 잠재의식은 가슴 뛰는 이미지를 잊지 않는다 … 123
- 자동으로 움직이는 소망달성기 … 128
- 성공은 평소 관심을 어디에 두느냐에 달렸다 … 131
- 보물지도에 붙인 한 장의 사진으로 꿈을 이루다 … 134
- 현재의 행복에 감사하며 한 걸음 더 나아가자 … 137

3장. 보물지도로 꿈을 이루는 방법

- 당신의 운명을 바꾸는 마법의 말 … 142
- 갈매기의 꿈은 곧 리처드 버크의 꿈 … 146
- 자기 선언의 4가지 기술 … 150
- 자기 선언을 반복하면 꿈이 더 빨리 이뤄진다 … 153
- 당신은 90일 만에 다시 태어난다 … 156
- 모든 게 다 잘될 거야 … 159
- 최상의 보물지도 배치 포인트 … 163
- 실현 가능성을 높이는 방법 … 166
- 자기 선언이 미래를 만든다 … 169
- 휴대전화 바탕화면에 넣은 보물지도 … 172
- 추상적인 목표를 명확하게 나타내는 방법 … 175
- 당신이 닮고 싶은 모델을 찾아라 … 178
- 세계 대부호가 밝히는 성공의 비결 … 181
- 실현 확률을 높이는 작은 골자 … 185
- 좋아하는 일을 하면 성공한다 … 188
- 인생에 불필요한 일이란 없다! … 193

- 자신감과 행운을 부르는 보물지도 만들기 … 197
- 슬럼프에서 곧바로 빠져나오는 방법 … 199
- 목표를 잊지 않기 위해서 성공일기를 써라 … 202
- 당신의 인생을 결정짓는 미래일기 … 205
- 이미지트레이닝으로 금메달을 딴 마라토너 … 208
- 인생의 중요한 일을 미루고 있지는 않습니까? … 213

에필로그 … 216
실습_ 당신의 운명을 만드는 미래일기 … 218
저자의 보물지도 … 222

My Dream Building

1
보물지도란 무엇인가

보물지도는
당신의 마음속에 있는 '흐릿한 소망'을
당신 눈앞에 '명확한 이미지'로 나타냅니다.

꿈을 잡는 사람,
꿈을 깨트리는 사람

요즘 TV나 신문 등의 뉴스를 보면 밝고 활기찬 기사보다는 경제, 사회, 안보 등 전반에 걸쳐 우울한 기사들이 더 많습니다. 그러다 보니 어지간히 굳은 의지와 신념 없이는 도전해보기도 전에 꿈을 포기하기 십상입니다.

그러잖아도 우리는 보통 20년, 30년, 혹은 그 이상의 세월을 살아가다 보면 꿈과 현실 사이의 거리를 좁히지 못하고 현실과 타협하고 적당히 안주하게 됩니다. 그러고는 이런 변명으로 스스로를 위안합니다.

'꿈을 이루며 사는 사람은 좋은 환경에서 자라 성공이 예정돼 있었거나 행운을 타고났을 거야. 그러니 나 같은 사람에게

기회가 올 리 없지……'

하지만 모든 사람들이 그런 사고를 갖고 살지는 않습니다. 세상살이가 아무리 험난해지고 그 어떤 역경이 와도 자신의 능력을 한껏 발휘하며 차근차근 꿈을 향해 나아가는 사람들이 있으니까요.

그렇다면 그들이 현실에 안주하지 않고 자신이 소망한 대로 실천하고 행동하는 비결은 무엇일까요? 한쪽에서는 세상 탓만 하며 꿈을 포기하는 동안에도 목적을 달성하며 항상 행운이 따르는 듯 보이는 그들에게는 어떤 비밀이 숨겨져 있을까요?

최근 대뇌생리학과 심리학 연구를 통해 두뇌 활동과 소망 실현의 관계가 잇따라 밝혀지고 있습니다. 그에 따르면 '머릿속으로 이미지와 비전을 생생하게 그리는 사람일수록 자신이 원하는 인생을 살 수 있다. 즉, 이미지와 성공은 서로 밀접한 관계가 있다'고 합니다.

그래서인지 성공한 사람이나 소위 행복한 부자라고 불리는 이들은 자신의 소망을 머릿속으로 끊임없이 명확한 이미지로 상상합니다. 그로 인해 아이디어도 더 잘 찾고, 가장 필요할 때 가장 알맞은 행동으로 과감하게 도전하며, 기회도 더 쉽게 손에 넣습니다.

다시 말해 머릿(마음) 속에 있는 꿈을 선명한 이미지로 떠올릴 수 있는 사람은 성공으로 가는 지름길에 서 있는 것과 같습니다.

비록 지금은 당신의 꿈이 흐릿하고 막연해도 걱정할 필요 없습니다. 보물지도를 만들면서 모두 해결될 테니까요.

당신이 어디 서 있건 지금이 바로 시작할 때입니다. 오늘 당신이 기울이는 노력이 분명 세상을 바꿉니다.   - 앤드류 매튜스

당신은 우뇌형인가,
좌뇌형인가?

보물지도의 역할을 간단하게 표현한다면, 자신의 머릿속에 있는 '흐릿한 소망'을 바로 눈앞에 '명확한 이미지'로 나타내는 것입니다. 뇌는 단지 명확한 이미지를 떠올리는 것만으로 당신의 진정한 소망과 목표를 인식하고 그것을 실현시키는 쪽으로 움직입니다. 거기에는 특별한 힘이나 노력도 필요없고 스트레스도 생기지 않습니다.

게다가 우리 뇌는 신기하게도 어떤 이미지를 선명하게 반복적으로 떠올리면 비록 기회를 알아보지 못하고 지나쳤더라도 무의식중에 '기회'를 다시 끌어당깁니다. 그래서 결국 자신과는 무관하다며 지나쳤던 것들이 실은 소망 성취로 가는 중요한 단계였음을 깨닫게 됩니다. 이것이 바로 보물지도의 '마법'입니다.

그러면 지금부터 간단한 실험을 해보겠습니다. 이 실험은 당신이 머릿속으로 이미지를 잘 그리는 감성적이고 창조적인 우뇌형인지, 아니면 언어 구사에 탁월한 논리적인 좌뇌형인지를 알아보기 위한 테스트입니다.

지금부터 잠시 눈을 감고 머릿속에 빨간 사과의 이미지를 떠올려보세요.

자, 눈을 뜨고 오른쪽 그림을 보세요.

당신이 머릿속으로 떠올린 사과 모양은 그림 중에서 몇 번에 가깝습니까?

사과가 선명하게 떠오르지 않더라도 걱정할 것 없습니다. 실제로 5번처럼 떠올리는 사람은 10퍼센트 정도밖에 되지 않으니까요.

1, 2번을 고른 사람도 괜찮습니다. 그런 당신이야말로 이 책을 읽어야 합니다. 만약 당신이 5번처럼 떠올릴 수 있다면 이

1		아무것도 안 보이고 까맣다.
2		안개가 낀 것처럼 흐릿하게 보인다.
3		대략적인 색깔과 형태가 보인다.
4		색깔과 형태가 확실하게 보인다.
5		실물처럼 입체적으로 보인다.

책을 통해 꿈을 이룰 확률이 더욱 높아질 것입니다.

이 실험의 목적은 머릿속으로 이미지를 떠올리는 시각화와 성공의 인과관계를 설명하기 위함입니다.

어쩌면 1, 2번의 사과 그림을 떠올렸던 사람은 조금 실망했을 수도 있습니다. 그러나 괜찮습니다. 저도 지금은 4번처럼 보이지만, 18년 전 자기계발 세미나 회사에 입사했을 때는 사실 1, 2번처럼 아예 까맣거나 희뿌연 상태였으니까요.

성공법칙을 다룬 책들에서는 '이미지를 머릿속으로 생생하게 그려라. 눈앞에 있는 것처럼 확실하게 상상하라'는 말을 자주 강조합니다. 그래서 저는 어떻게 하면 이미지를 더 생생하게 그릴 수 있을까 고민하다가 대부분 저와 같은 고민을 하고 있다는 사실을 알게 되었습니다.

"이미지가 선명하게 그려지지 않습니다", "영화를 보는 것처럼 떠올리라는데 어떻게 하면 가능할까요?"라는 질문을 많이 받았으니까요.

그래서 시험 삼아 많은 사람들을 대상으로 앞의 그림과 같은 이미지 상상력을 테스트했는데, 5번으로 보이는 경우는 극히 10퍼센트도 채 되지 않았습니다. 그렇게 시행착오를 겪다가 만난 것이 바로 보물지도입니다.

저는 보물지도라면 이미지를 선명하게 떠올리지 못하는 사람이라도 쉽게 소망을 이룰 수 있겠다는 기쁘고 흥분되는 결론을 얻었습니다.

우리 인간은 자동으로 소망을 이루는 장치, 즉 소망달성기를 지니고 태어납니다. 당신도 자신의 보물지도를 만들어 가까이 두고 자주 보면 그 말의 의미를 몸소 실감할 수 있을 것입니다.

지금까지 당신이 아름다움과 감동, 기적과 마법을 충분히 누려왔다 해도 오늘부터 결심하는 것만으로 더 많은 것을 누릴 수 있습니다. 매일, 매순간, 선택은 당신 몫입니다.

- 앤드류 매튜스

무일푼이었던
미국의 대부호 로키의 방식

 보물지도와 비슷한 방법으로 사진을 활용한 재미있는 목표 실현법이 있습니다. 꿈과 소망이 이미 이뤄졌다고 가정하고 그 장면을 사진으로 모으는 방법입니다.

가령 자신이 꿈꾸던 집을 발견하면 그 집 앞에서 사진을 찍고 자신이 이미 그 집을 손에 넣은 것처럼 느껴봅니다. 그런 다음 기필코 이 집을 손에 넣고 말겠다는 굳은 결심을 하고 사진을 항상 지니고 다니면서 수시로 보는 방법입니다.

실제로 일본에는 해외 관광 상품 중에 '호화 저택 탐방'이라는 여행 코스가 있습니다. 신혼부부가 하와이나 오스트리아 등지로 여행을 가서 아름답고 화려한 저택 앞에서 사진을 찍는 것이지요. 이러한 사진 활용법 역시 많은 사람들이 이용하고 있으며 수많은 성공 사례들이 있습니다.

지금으로부터 45년 전, 19세의 일본 레슬링 선수가 경기에 출전하기 위해 미국으로 원정을 떠났습니다. 경기 후, 그 소년은 일본으로 돌아가지 않고 가능성 넘치는 나라 미국에서 눌러 살기로 결정했습니다. 그때 그의 수중에 있던 돈은 400달러가 전부였습니다. 도와줄 손길은커녕 아는 사람 한 명 없는 낯선 땅, 게다가 할 줄 아는 영어라고는 인사말 몇 마디 정도인 최악의 상황이었습니다.

그러나 그는 역경에 굴복하지 않았습니다. 반드시 자유롭고 풍요로운 삶을 살고야 말겠다고 굳게 결심하고, 첫 단계로 고급 승용차를 손에 넣기로 작정했습니다. 그는 이 생각을 즉시 행동으로 옮겨 롤스로이스와 고급 승용차를 가진 사람에게 부탁해서 몇 장의 사진을 찍었습니다.

그는 자신이 운전석에 앉아 핸들을 잡고 운전하는 장면, 차 앞과 옆에 서서 웃고 있는 장면 등 여러 각도에서 사진을 찍었습니다. 이후로 그는 그 사진을 늘 몸에 지니고 다녔으며 틈만 나면 어디서든 펼쳐보았습니다. 그러자 뜻밖의 계기로 사진

속 승용차를 무상으로 손에 넣을 수 있었습니다.

이 청년은 후에 미국의 대부호가 되었습니다. 전 세계 100여개 대도시에 체인망을 가지고 있는 베니하나 체인점의 오너인 로키 아오키가 바로 그 청년입니다. 그는 '사진 활용 성공법'으로 연이어 자신의 꿈을 이뤄나갔습니다.

그가 미국 레슬링 챔피언이 되었을 때도 최고의 강적과 맞붙었고 하마터면 시합에서 질 수 있었습니다. 그때 그가 역전승을 이뤄낼 수 있었던 것도, V사인을 그리며 챔피언 벨트를 매고 있는 한 장의 사진 덕분이었습니다. 그 밖의 사진들은 그에게 아름다운 성처럼 꾸며진 베니하나 1호점, 자가용 제트기 등을 손에 넣게 만들었고 계속해서 그를 미국 최고 자산가의 위치로 이끌었습니다.

아오키도 처음에는 평범한 청년이었습니다. 단돈 400달러만을 가지고서 미국으로 건너간 그는 상상하기도 힘들 만큼 밑바닥 생활을 거쳤습니다. 맨 처음의 그는 결코 특별한 사람이 아니었습니다.

가난을 아무리 칭송한다 해도 부자가 아니면 진정으로 완전하고 성공적인 삶을 살아가지 못합니다. - 월레스 와틀스

많은 사람들이 꿈을 포기하는 10가지 이유

 예로부터 성공한 많은 사람들이 독자적인 목표 달성법, 이른바 성공 방정식을 아래와 같이 발표해왔습니다.

- 자신의 꿈을 슬로건(표어) 삼아 방에 붙여두고 매일 큰 소리로 낭독하라.
- 계획을 세우고, 달성 기일을 설정해서 매일 진척 상황을 확인하고, 분명하게 행동하라.
- 자신의 성공한 모습을 상상하고 그 이미지를 강화하기 위해 스토리화시켜라.
- 긍정적인 사고로 반드시 이룰 수 있다고 믿어라.

어떤 방법이든 꿈을 이루거나 목표에 다가서기 위해서는 효과적입니다. 그러나 이 방법들은 평범한 사람들이 실천하기 쉽지 않고 지속하기도 어렵다는 단점이 있습니다.

그렇다면 구체적으로 어떤 점이 많은 사람들을 꿈을 포기하게 만들었을까요?

1. 실천하기 힘들다.
2. 이미지가 머릿속에 잘 그려지지 않는다.
3. 의욕과 열정이 오래 가지 않는다.
4. 구체적인 행동과 실천으로 이어지지 못한다.
5. 하루하루 바쁘게 살다가 목표를 잊어버린다. 혹은 잊지 않아도 떠올리는 횟수가 적다.
6. 자신의 능력이나 자기이미지가 꿈과는 거리가 멀다고 생각한다.
7. 실천에 노력과 고통이 뒤따른다. 비효율적인 방법을 반복한다.
8. 바쁘다 보니 꿈을 위해 노력할 시간이 없다. 습관화되지 않는다.
9. 성과가 확실하다는 생각이 들지 않는다. 성과가 나오기

전까지 믿고 기다릴 수 없다.
10. 적극적인 사고만으로는 돈도 없고, 지혜도 없고, 인맥도 없는 벽을 뛰어넘지 못한다.

당신이 이 중에 몇 가지 특징을 가지고 있더라도 걱정할 필요 없습니다. 보물지도가 그 부분을 보완해줄 테니까요. 포기하고 노력을 그만두는 것 외에 이 세상에 실패라고 이름 붙일 수 있는 것은 아무것도 없습니다.

인생에는 두 가지 목표가 있습니다. 첫째가 자신이 원하는 것을 손에 넣는 일, 둘째는 손에 넣은 것을 즐기는 일. 가장 현명한 사람만이 두 번째 목표를 달성합니다.   - 로건 파샬 스미스

보물지도 만들기
8단계

 그럼 빨리 본론으로 들어가기를 고대하는 분들을 위해 보물지도를 만드는 요령을 간단히 설명하겠습니다.

제1단계

모조지, 혹은 A1(90cm×60cm) 정도 크기의 커다란 흰 종이나 코르크보드 등을 준비하고, 맨 위에 당신의 이름이나 별명을 넣어 'ㅇㅇㅇ의 보물지도'라고 씁니다. 가능한 한 다채롭게 꾸며서 시각적인 효과를 줘야 합니다.

- 제목 앞에 당신의 자기이미지를 향상시킬 수 있도록 근사한 캐치프레이즈도 넣어 주세요.

제2단계

종이 한가운데나 눈에 띄는 곳에 행복하게 웃고 있는 자신의 사진을 배치합니다. 아울러 가족이나 친구 등 기쁨을 함께 나누고 싶은 사람들의 사진을 붙여도 좋습니다.

제3단계

갖고 싶은 것과 구체적인 목표를 나타내는 사진이나 그림 몇 점을 잡지와 카탈로그 등에서 오려내어 자기 사진 주변에 자유롭게 붙입니다.

제4단계

명확한 목표 설정을 위해, 사진이나 그림으로는 표현할 수 없는 부분, 즉 달성 기한이나 달성 조건 등을 메모지에 써서 붙여둡니다.

제5단계

이 목표가 당신과 당신이 사랑하는 사람들에게 어떤 도움이 될지를 써넣습니다.

제6단계

목표가 당신 인생의 목적과 가치관에 잘 부합되는지를 되짚어 봅니다.

제7단계

구체적인 첫 실천 단계로서 행동 목표 '이번 주(이번 달, 오늘)의 실천 사항'을 써넣습니다.
- 4~7단계는 커다란 포스트잇을 사용하면 다시 쓰기 쉽고 붙이기도 편합니다.

제8단계

완성되면 혹은 완성 전이라도 자주 눈에 띄는 곳에 붙여두고 바라봅니다. 또한 가능하면 스마트폰이나 디지털카메라로 촬영한 보물지도 사진을 인화해서 수첩 속, 냉장고, 화장실 등 눈에 자주 띄는 곳에 붙여놓으세요. 보물지도는 자주 볼수록 효과적입니다.

그러면 다음 장을 넘겨 그림으로 미리 살펴본 다음 단계별로 자세히 설명하겠습니다.

보물지도 만들기 8단계

사례) 20대 남성. 직장인. 서재가 있는 집을 갖는 게 꿈

그녀와 함께 찍은 사진을 붙이자!

그래, 난 앞으로 이런 집에서 살 거야!

넓은 서재가 있어야 해. 2022년 10월로 설정.

* 보물지도는 노트, 수첩, 화장실 벽에 붙여도 돼요!

Step5
이렇게 멋진 집에서 그녀와 행복한 가정을 꾸리는 거야.

Step6
멋진 서재에서라면 독서도, 일도 즐겁게 할 수 있겠어!

Step7
이번 주에 고급 주택가에 가서 사진도 찍고 집 가격도 알아봐야겠어.

Step8
드디어 보물지도 완성!

준비단계_____
A1크기의 코르크보드 구입하기

드디어 본격적으로 당신만의 보물지도를 만들어 볼 차례입니다. 지금부터는 준비물부터 차근차근 설명할텐데 이 책에 있는 방식에 너무 구애받지 말고 각자의 느낌과 개성을 살려서 만드세요.

맨 처음 준비할 것은 보물지도의 밑바탕이 되는 '코르크보드'입니다. 대형 문구점이나 미술 재료점 등에서 A1크기 정도의 코르크보드를 구입합니다. A2~A3크기도 가능하지만 잡지나 카탈로그 등에서 사진을 잘라 붙일 것이기 때문에 가급적 큰 사이즈가 바람직합니다. 처음에는 A2(42cm×60cm)크기로 충분하리라 여겼다가 만들어 보고 나서야 자리가 부족하더라는 사람들이 많습니다. 만들다 보면 저절로 꿈이 하나둘씩 늘어나게 되어 있으니까요. 또 보물지도가 크면 눈에 더 잘 띄고 효과도 더 쉽게 나타납니다. 물론 방 넓이와 걸어 둘 벽에 따라 크기를 달리 정하는 것도 한 방법입니다.

코르크보드는 다시 떼었다 붙이기 편하기 때문에 긴 안목으로 보면 모조지보다 훨씬 활용도가 높습니다. 저도 처음에는 숫자와 기한, 조건을 적어넣기에 편리할 것 같아 모조지를 사용했습니다. 그런데 몇 년 사용하다 보니 이미 목표를 달성했거나 다른 것으로 교체하느라 이미지를 뗐다 붙였다 했더니 점점 지저분해지더군요. 그래서 매년 다시 만들게 되었고 그것도 갈수록 귀찮아졌습니다.

반면에 코르크보드는 핀으로 고정하거나 마음대로 테이프로 붙였다 뗐다 할 수 있는 장점이 있습니다. 예컨대 집 사진을 붙이고 나서 얼마 지나지 않아 처음 붙인 것보다 더 멋있는 집 혹은 실내 장식이나 조명도까지 원하는 이미지에 딱 맞는 집이 나타나는 경우가 있는데, 그때 이미지를 교체하기가 편합니다. 또한 무게가 가벼울 뿐 아니라 벽에 걸어놓을 수 있고 가격도 별로 비싸지 않습니다. 양면 사용도 가능해 '개인용'과 '가족용' 두 개를 만들 수 있어 좋다는 사람도 있지요.

하지만 코르크보드를 사느라 혹은 완벽한 준비를 갖추기 위해 며칠씩 시간을 낭비하는 건 옳지 않아요. 모조지나 달력 뒷면을 이용해서라도 마음먹었을 때 시작하세요. 더러는 코르크보드 대신에 벽이나 냉장고 겉면에다 보물지도를 만드는 사람도 있습니다. 그런 다음 코르크보드는 상황에 맞춰 구입하면 됩니다.

원하지 않으면 어떤 일도 성취되지 않습니다. 희망은 성공으로 이끄는 신앙입니다.
- 헬렌 켈러

제1단계 _____
보물지도 제목 작성하기

코르크보드나 모조지를 준비했으면, 제1단계에는 제목과 캐치프레이즈를 작성합니다. 자신의 이름이나 별명을 이용해 〈○○○의 보물지도〉라는 식으로 제목을 정해 정성껏 써넣으세요. 마치 어릴 적 크레파스를 가지고 놀 때처럼 시각적으로 꾸미면 더 효과적입니다.

당신의 시선을 한눈에 사로잡는 광고나 포스터를 만든다고 보면 정확해요. 이때 남다른 디자인 감각이나 탁월한 센스가 필요한 것은 아닙니다. 특별히 감각적이지 않아도 효과는 충분하니 안심하셔도 좋습니다.

또한 〈○○○의 보물지도〉라는 제목 앞에 당신에게 적합한 캐치프레이즈를 덧붙이세요. 이때 현재의 당신에게 적합한 캐치프레이즈가 아니라 미래 혹은 앞으로 몇 년 사이에 되고 싶은 자신의 모습에 걸맞는 캐치프레이즈여야 합니다. 꿈을 이뤘을 때, 당신의 이상적인 미래를 상상했을 때, 당신에게 적합한 캐치프레이즈는 어떤 것입니까? 글로만 봐도 당신의 가슴을 뛰게 하는 캐치프레이즈는 어떤 것입니까?

저의 초창기 캐치프레이즈는 〈베스트셀러 작가 모치즈키 도시타카의 보물지도〉였습니다. 사실 이 책이 일본에서 출간된 후 예상 이상의 판매율을 보이자 출판사 관계자들을 비롯해 모두가 놀라워했습니다. 그래서 제 입으로 말하기 부끄럽지만 저를 일컬어 '베스트셀러 작가'라고 부르는 사람도 있습니다.

하지만 보물지도를 만들기 전까지는 제가 그렇게 불리게 되리라고는 상상도 못했습니다. 그렇게 되면 좋겠다는 막연한 기대는 했지만 출판계가 불황이어서 현실적으로는 조금 어렵지 않을까 하는 생각도 솔직히 있었습니다. 저는 그럼에도 비즈니스판 보물지도에 '베스트셀러 작가가 되겠다'는 캐치프레이즈를 당당하게 써넣었습니다. '안 되도 어쩔 수 없지만 일단 이뤄진다면 좋겠다'는 정도의 가벼운 마음으로 말이지요.

1단계. 보물지도에 제목 써넣기

그런데 그것을 매일 보다 보니 점점 기대감이 커져갔고, 정말 이뤄지면 좋겠다는 생각이 들더군요. 저는 회사 직원들에게도, 수강생과 취재하러 온 잡지사 직원에게도, 출판사 편집자에게도 제가 만든 보물지도를 보여줬습니다.

저는 어느 순간부터 어차피 할 거면 제대로 한번 해보기로 결심하게 되었고 집필에도 더욱 정성을 기울이게 되었지요. 그리하여 제가 쓴 책이 출간되자마자 일본 제일의 온라인 서점인 '아마존' 베스트셀러 종합 순위에서 당당히 1위에 올랐고, 순식간에 60만 권의 판매고를 올렸습니다. 그로부터 한국을 포함한 여러 나라에서 출판 계약이 성사되었을 뿐 아니라 국내외에서 강연과 집필 의뢰도 받게 되었습니다.

바로 이것이 보물지도에 적은 캐치프레이즈를 자주 보는 것만으로 실현 속도가 더 빨라진다는 증거가 아닐까요? 자, 이제 꿈을 이룰 사람은 바로 당신입니다.

신이 나를 위해 풍성한 우주를 마련했고 또 내가 그것을 누리기 원한다는 믿음이야말로 부를 이루는 데 꼭 필요한 마음가짐입니다.
— 캐서린 폰더

제2단계 ─
자신의 사진 붙이기

　제2단계에서는 코르크보드의 한가운데 혹은 눈에 잘 띄는 곳에 '당신의 사진'을 붙입니다. 가능하면 갖고 있는 사진 중에 가장 행복해 보이는 얼굴로 붙여주세요.

　그 옆에 가족이나 연인 등 기쁨과 즐거움을 함께 나누고 싶은 사람들의 사진을 붙이는 것도 좋습니다. 당신을 지지하고 응원하는 사람들을 보면 저절로 힘도 나고 도전하고자 하는 욕구도 더 커지니까요.

　다만 전신 사진보다는 조금 멀리서 봐도 표정이 잘 드러나는 크기의 얼굴 사진, 보기만 해도 행복한 기분이 절로 드는 사진이 가장 바람직합니다. 우선 당신이 지금 가지고 있는 사

2단계. 웃고 있는 나 · 부부 혹은 연인 · 부모님 사진 붙이기

진을 써도 괜찮지만, 가급적이면 사진을 다시 찍어서 당신이 정말 마음에 드는 것으로 붙이세요.

비슷한 예로 운동 선수들은 슬럼프에 빠지면 자신이 최고 성적을 거둔 순간의 동영상을 반복해서 봄으로써 영상을 보지 않고도 그 장면을 생생하게 떠올리는 방법으로 극복한다고 합니다.

당신이 가장 마음에 들어 하는 얼굴에서는 그때의 행복과 즐거움, 그때 했던 말들이 일순간에 당신의 머리와 마음속에 되살아납니다. 행복하게 웃었을 때의 얼굴, 최고의 기분이었을 때를 자주 떠올리기만 해도 몸과 마음이 민감한 반응을 보이고, 당신의 인생이 그때처럼 자연스럽게 좋은 방향으로 변화하게 됩니다. 뿐만 아니라 당신 주변에도 행복과 기쁨과 즐거움이 자연스럽게 넘쳐날 것입니다.

어떤 소망이 당신 안에 태어난다고 합시다. 당신은 그때 그것을 실현시킬 힘도 동시에 존재한다는 사실을 깨달아야만 합니다. 그러나 그 힘은 아직은 작고 약할 것입니다. - 리처드 버크

제3단계
꿈이 담긴 사진이나 그림 붙이기

다음 단계는 드디어 보물지도를 가장 즐겁게 만들 수 있는 작업입니다. 요컨대 당신이 원하는 것, 되고 싶은 모습을 머릿속에 떠올리고, 사진 등을 붙이는 제3단계입니다.

우선 당신이 갖고 싶은 것들을 가급적 많이 수집하세요. 잡지나 카탈로그, 팸플릿을 모아서 느낌이 바로 오는 사진 등의 일러스트를 오려내고 보드에 붙여주세요. 인터넷 등을 이용해 수집해도 좋습니다. 카탈로그나 잡지를 볼 때 "야, 이거 멋진데!", "바로 이거야!"라는 감탄사가 저절로 나오는 이미지, 의욕을 북돋우는 이미지라면 더할 나위 없습니다.

또한 사진이나 형태로 표현하기 어려운 성격, 재능, 인간관

3단계. 꿈과 소망이 담긴 이미지나 사진 붙이기

계 등은 대략 어떤 느낌이면 좋을지, 어떤 상태면 이상적일지를 메모하세요. 그것을 상징하는 이미지를 바로 찾으면 좋겠지만 당장 못찾는다고 해서 조급해 할 필요는 없습니다. 메모해둔 다음 의식하고 있다 보면 반드시 적절한 순간에 상징적인 이미지를 발견하게 됩니다.

특히 이 단계에서 자신의 진정한 꿈과 목표를 찾는 사람들이 많습니다. 표면적인 소망이 아니라 진심에서 우러나오는 꿈 말입니다. 성공한 사람들은 흔히 "열정을 가져라"고 말하지만, 꿈이 명확하지 않으면 열정을 가질 수 없습니다. 하지만 이런 작업을 하다 보면 갈수록 꿈은 명확해지고 열정이 솟아서 금방이라도 꿈을 이룰 수 있을 것 같은 확신이 듭니다.

제가 주관하는 보물지도 세미나에서는 20명 정도가 한 팀이 되어 이 작업을 합니다. 각자 준비한 카탈로그를 보면서 어떤 이는 "저는 사실 전부터 이 걸 하고 싶었어요"라고 수줍게 말하고, 또 어떤 이는 "3년 전에 포기한 꿈인데 이번에는 꼭 이뤄질 것 같아요" 하면서 확신에 찬 눈빛으로 보물지도를 만듭니다.

갖고 싶은 것들을 모아놓았으면 이제 그것들을 보물지도에 하나씩 배치하는데, 위치는 자신의 느낌에 따라 결정하면 됩니다. 다만 사례나 패턴이 있으면 만드는 데 도움이 될 수 있으니 3장에서 보물지도 몇 가지를 소개하겠습니다.

이러한 과정만으로도 보물지도에 혼이 담기기 때문에 바로 다음날부터 현실이 달리 보인다는 사람들이 있습니다. 보물지도를 집 안의 눈에 잘 띄는 장소에 걸어두고 두근거리는 마음으로 때가 오기를 기대하며 꿈을 키워나가세요.

이 단계를 거친 후 필요한 정보가 발견되면 그때그때 바꿔나가도 됩니다. 많은 사람들이 이 3단계를 거친 후 7~10일, 혹은 2~3주 동안에 온갖 정보들이 마구 눈에 들어오는 경험을 했다고 말합니다. 아울러 당신의 소망을 담고 있는 구체적인 사진과 영상들도 속속 모여들지요. 이것이 싱크로니시티, 즉 우연의 일치라는 현상입니다. 우연의 일치를 극대화하기 위해서는 이런 과정을 귀찮아하지 말고 반드시 강한 느낌이 오는 사진이나 카탈로그를 모아서, 필요할 때는 전에 붙인 것과 바꿔나가는 작업이 필요합니다.

학생이 준비해왔을 때 선생님이 때마침 나타나듯, 받아들이는 사람이 준비가 되어야 비로소 줄 사람이 나타납니다.

— 척 스페자노

지금 할 수 있는 일부터
당장 시작하라

이제 절반은 완성된 셈입니다. 드디어 당신의 감정에도 긍정의 스위치가 켜졌고, 당신의 뇌도 슬슬 움직이기 시작합니다. 가령 '두 가지 꿈 중 어떤 꿈을 먼저 실현할까?', '코디네이터 자격증 취득과 유럽 여행 중 어느 쪽이 내게 더 중요하지?' 하면서 꿈을 이루기 위한 구상들이 좀 더 구체적으로 떠오르기 시작합니다.

무슨 목표가 됐든 바로 시작하는 것만큼 중요한 건 없습니다. 아무리 중요한 일이라도, 아무리 감동한 일이라도 시간이 지나면 처음 가졌던 열정은 점점 무뎌지고 동기의식도 흐려지기 마련입니다. '지금은 시간이 없으니 나중에 하자'라고 생

각하기보다는, '시간을 ○○분쯤 낼 수 있으니까 여기까지 해두자'라고 다짐하고 실천하세요. 그래야만 반드시 더 좋은 결과로 이어집니다. 시작하려고 하니 당장 코르크보드가 없나요? 괜찮습니다. '○○○의 보물지도'라는 제목과 보물지도에 붙일 사진 한 장만 준비해도 충분합니다.

보물지도를 만드는 일은 지루한 작업이 아니라 당신 자신의 행복한 미래를 만드는 일입니다. 처음에는 별 생각 없다가도 막상 시작해보면 재미있고 즐거워서 "지금까지 난 왜 이걸 몰랐을까요?"라고 말하는 사람이 많습니다. 지금 곧 행복을 향한 첫걸음을 내디뎌보세요. 행복을 내일로 연기할 필요는 없습니다.

사진이나 카탈로그가 없거나 혹은 자기 꿈에 적합한 이미지나 사진을 찾지 못했더라도 아무 종이에나 자신의 꿈과 목표를 써넣으세요. 그리고 책상 앞이나 TV 옆에라도 붙여두세요. 그 자체도 당신의 훌륭한 보물지도입니다.

당신이 할 수 있는 일, 하고 싶은 일, 꿈꾸는 일을 바로 지금 시작하세요. 대담함 속에는 이미 많은 힘과 재능, 마법이 숨겨져 있습니다.
― 괴테

제4단계 _____
기한과 조건 써넣기

4단계에서는 꿈을 명확히 하기 위해 기한이나 조건처럼 사진으로는 표현할 수 없는 부분을 포스트잇 등에 적어서 붙입니다.

제가 존경하는 분이자 현재 일본에서 경영 컨설턴트 및 베스트셀러 작가로 가장 주목받는 인물, 간다 마사노리가 목표 설정법으로 든 'SMART의 원칙'이 있습니다.

예컨대 당신에게 유럽 여행을 떠나고 싶다는 소망이 있고, 그와 관련된 이미지를 보물지도에 붙였다고 합시다. 그때 'SMART의 법칙을 적용시키면 이렇게 됩니다.

- S(Specific) 구체적이다 → 유럽이라면 몇 개국을 말하는 거야?
- M(Measurable) 측정할 수 있다 → 여행 비용은 얼마나 들며 여행 기간은 어느 정도가 좋을까?
- A(Agreed upon) 동의한다 → 나는 이 여행을 정말 원할까?
- R(Realistic) 현실적이다 → 비용을 마련하려면 돈을 더 벌어야 하고 회사도 얼마간 쉬어야 한다.
- T(Timely) 기한이 명확하다 → 0000년 0월 0일까지.

그 밖에 '누구와 갈 것인가?' '어느 시기가 가장 좋은가?' '무엇을 준비해야 하는가?' 등을 조사하고 기록하면 됩니다. 그 다음 중요한 사항은 펜으로 메모해두면 더 좋은데, 특히 기한은 반드시 써넣어야 합니다. 또 '모든 일이 잘되고 있습니다. 감사합니다'라는 식의 긍정적인 선언도 써넣으세요.

이 단계는 목표와 꿈을 명확히 하기 위해서 여러 조건을 적고 범위를 좁혀나가야 합니다. 그런데 그 조건들이 되레 당신을 속박하는 일이 생길 수 있습니다. 당신이 '2022년 10월 10일, 새로 지은 넓은 정원이 있는 4층짜리 하얀 집에서 우리 가

4단계. 달성 기한과 달성 조건 써넣기

족은 매일매일 즐겁고 행복하게 살고 있습니다'라고 썼다고 합시다. 하지만 그보다 더 빨리, 그보다 더 좋은 집이 손에 들어올 가능성은 충분합니다. 특히 보물지도를 만들면 그런 일들이 더 자주 일어나지요. 그래서 힘들었던 과거나 현재를 기준으로 꿈을 한정지어버리면 도리어 실현에 방해가 되기도 합니다.

보물지도에는 다음과 같이 써넣으세요.

'이 보물지도대로, 혹은 더 멋진 집을 갖게 되었습니다. 감사합니다.

'보물지도대로, 또는 그 이상의 좋은 일들이 이뤄졌습니다. 감사합니다.'

아니면 저처럼 '모든 꿈이 이뤄졌습니다. 감사합니다'라고 간단하게 써넣는 방법도 있습니다.

어느 누구도 당신을 어깨 위에 태워 최종 목적지까지 데려다 줄 수는 없습니다.
― 윌리엄 히트

제5단계

꿈이 자신과 주변 사람에게 미치는 영향 생각하기

제5단계는 꿈이 이뤄지면 당신과 당신이 사랑하는 사람들에게 어떤 도움이 될지, 어떤 기쁨을 가져다줄지 써넣는 중요한 단계입니다.

이 단계를 거치면 꿈이 이뤄지는 속도는 더 빨라지고, 당신의 꿈은 표면적인 것이 아닌 본질적인 것이 되어 인생의 목표와도 더욱 확고한 연결 고리를 형성합니다.

우리는 본질적으로 남을 기쁘게 하는 일에 더 많은 기운과 에너지가 솟게 되어 있습니다. 축복도, 기쁨도 함께 나누면 더 즐겁고 행복해지지요. 그래서 당신의 꿈이 주변 사람들에게

5단계. 꿈이 자신과
주변 사람에게 미치는 영향 생각하기

기쁨을 준다는 사실을 알면 자연스레 힘이 솟고 당신을 돕는 사람도 더 많아집니다.

　멀리서든 곁에서든 당신이 꿈과 목표를 이루고 행복해지기를 진심으로 응원하는 사람들이 있습니다. 그것도 당신이 상상하는 것보다 훨씬 더 많이 말입니다.

무엇을 사랑하느냐에 따라 우리의 모습이 만들어집니다.

- 괴테

제6단계 _____
꿈이 인생 목적과 부합되는지 되짚어 보기

 제6단계는 당신의 꿈이 인생의 목적과 가치관에 꼭 들어맞는지를 다시 살펴보는 단계입니다.

이 단계에서는 보물지도를 만드는 순간이나 직후, 그리고 1개월 후, 3개월 후, 반 년 후로 기간을 정하고 수시로 돌아보는 시간을 가져야 합니다. 특히 계속해서 꿈을 이루고 있는 사람은 의식적으로라도 그 반대 상황까지 떠올려보는 것이지요. 왜 그래야 할까요?

우리 주변에는 숙원하던 소망을 이루고 사회적으로도 인정받는 사람이 되었지만, 전보다 인생이 더 망가졌다거나 오히려 불행해졌다는 사람들도 꽤 있습니다. 가령 가족을 풍족하

6단계. 꿈이 인생 목표와 부합되는지 되짚어 보기

게 살게 해주고 싶은 마음에 밤낮 없이 일만 하다가 가족간의 대화가 단절되어 결국 이혼 가정이 되는 경우입니다. 이러한 비극을 미연에 방지하자는 뜻입니다. 자신의 가치관이나 인생의 목적과 어긋나는 꿈을 쫓는 것은 결국 내 인생의 소중한 시간만 낭비하는 일입니다.

가끔은 바삐 가던 길을 멈추고 현재 당신이 추구하고 있는 꿈과 목표가 삶의 목적이나 가치관과 잘 부합되는지 되짚어 보세요. 꼭 들어맞는다는 사실을 재인식하고 나면 잠시 꺾였던 의욕도 다시 높아지고 갈등 없이 힘차게 앞으로 나아갈 수 있으니까요.

5~6단계는 꿈에 한층 더 깊이 파고드는 단계입니다. 당신 꿈의 매력을 더 찾아보고, 그것을 이미지로 바꿔서 머릿속에 새겨두세요.

그런 의미에서 다음 질문들을 곰곰이 생각해보고 답을 메모하는 것도 좋습니다.

- 꿈이 이뤄지면 내 인생엔 어떤 좋은 일들이 일어날까?
- 꿈이 실현되었을 때, 혹은 실현되는 과정에서 구체적으로 어떤 사람들이 어떤 식으로 기뻐하고 축하해줄까?

심리학에서는 '동기 부여=성공의 확률×성공의 매력'으로 정의하고 있습니다. 요컨대 당신이 꿈과 성공의 매력을 얼마나 강하게 느끼느냐가 중요한 것이지요.

실제로 성공한 사람들을 연구해 봤더니 그들 대부분이 살면서 꼭 한두 개씩은 기필코 성취하고픈 아주 매력적인 꿈을 만났다는 사실을 알 수 있었습니다. 뿐만 아니라 일단 꿈을 정하고 나면 그 꿈이 타인이 상상할 수 없을 만큼 매력적인 것이 되도록 깊이 파고들며 강한 생명력을 불어넣는다는 사실도 알았습니다. 그것은 곧 당신이 얼마만큼 매력적인 목표를 찾느냐 혹은 목표에서 얼마만큼 깊은 의미와 훌륭한 가치를 발견해내느냐가 성패를 가른다는 뜻이 아닐까요.

같은 장소에서 같은 일을 하며 명성과 재산까지 같은 두 사람이 있어도 이들 중 한 사람은 행복하고 다른 한 사람은 불행합니다. 그것은 이들의 마음가짐이 다르기 때문입니다.

- 데일 카네기

제7단계
구체적인 행동 목표 써넣기

제7단계에서는 구체적인 행동 목표를 포스트잇 등에 쓰고 보물지도와 수첩에도 붙입니다. 꿈과 목표는 단순히 종이에 적기만 해도 더 쉽게 이뤄지지만, 조금이라도 효과를 높이고 싶다면 구체적인 행동이 뒤따라야 한다는 것은 두말할 필요 없겠지요.

보통 보물지도에 심은 꿈은 최종 목표인 경우가 많습니다. 그러나 단숨에 최종 목표와 꿈을 이뤄내기란 쉽지 않기 때문에 중간 목표인 6개월 목표, 또는 1년 목표를 종이에 써두는 것 역시 중요합니다. 다시 말해 당신이 보물지도에 담은 꿈과 목표가 그 분야의 최종 목표(3년 이상의 목표)라고 가정하고

7단계. 구체적인 행동 목표 써넣기

각각의 꿈에 대한 목표로는 6개월 목표, 1년 목표를 정하는 방식입니다. 이렇게 중간 목표를 세우는 것은 장점이 많습니다.

- 도중에 목표가 이루어지면 자신감이 생긴다. 작은 성공 경험이 모여 최종 목적이 이루어진다.
- 자신의 실천 속도를 알 수 있고 궤도 수정도 가능하다.
- 경험 축적으로 자신이 어느 정도의 속도로 목표를 이룰 수 있는지 확고한 계획을 세우기 쉽다.
- 구체적인 행동을 취하기 쉽다.
- 중간 목표들의 성취를 통해 꿈은 반드시 이뤄진다는 사실을 알게 되면서 의욕이 생긴다.

첫 목표 성취 기간은 가급적 6개월 이내로 정하세요. 기한을 길게 잡을수록 구체적인 행동으로 이어지기 어렵습니다. 물론 자신이 느꼈을 때 인내력이 다소 부족하다거나 전혀 새로운 분야를 개척해야 하는 경우에는 6개월도 길게 느껴질 수 있어요. 그때는 자신의 특성에 맞춰 더 짧은 기간을 설정해도 괜찮습니다.

그런 다음 이번 달 목표, 이번 주 목표, 오늘의 목표를 적고 구체적으로 무엇을 실천할 것인지를 정하면 됩니다.

다만 오늘의 목표는 쉽게 달성할 수 있는 것이어야 합니다. 진행 속도가 다소 느리더라도 100퍼센트보다 70퍼센트의 성공을 목표로 삼으세요. 또한 오늘의 목표는 여력을 남겨둘 수 있는 범위, 매일 실천 가능한 범위 내에서 세웁니다. 오늘의 목표를 달성해서 성취감을 충분히 맛본 다음, 여유가 더 있을 때 하루의 한계에 도전해보면 됩니다. 비록 작은 일이더라도 계속하는 것만큼 중요한 건 없습니다.

꿈은 포기하지 않는 한 반드시 이뤄집니다. 42.195킬로미터의 마라톤은 도중에 쉬어버리면 절대 이길 수 없지요. 하지만 인생 레이스는 끝까지 포기하지 않는 한 반드시 목적지에 도달할 수 있습니다. 인생은 마라톤처럼 무조건 1등을 해야 하는 건 아닙니다. 1등도 멋지지만 골인 지점까지 도착하는 것만으로도 충분히 아름답고 멋진 일이니까요.

미래는 여러 가지 이름을 갖고 있습니다. 그것은 약자들에게는 도달할 수 없는 것, 겁 많은 자들에게는 미지의 것입니다. 그러나 용감한 자들에게는 그것이 기회입니다. - 빅토르 위고

제8단계 _____
보물지도 장식하기

제8단계에서는 보물지도가 모두 완성되었거나 혹은 미완성된 것이라도 집 안에서 가장 눈에 잘 띄는 곳에 걸어두고 수시로 보세요. 또 가능한 한 보물지도를 사진으로 찍어서 책상 위, 수첩 속, 지갑 속, 화장실 등 평소 눈이 잘 가는 곳에 붙여두세요. 보물지도를 자주 보면 볼수록 목표가 잠재의식에 깊고 단단하게 새겨지고 효과도 높아집니다.

이것을 눈에 잘 띄는 곳에 붙이면 잠재의식은 당신이 꿈을 이룰 때 필요한 정보와 힌트를 쉽게 찾도록 도와줍니다. 이런 작은 수고들을 아끼지 않는다면 꿈이 실현되는 기간은 크게 단축될 것이 분명합니다.

8단계. 눈에 잘 띄는 곳에 장식하기

1장. 보물지도란 무엇인가

자기계발의 대가인 노먼 빈센트 필 박사가 이렇게 말했습니다.

"목표를 종이에 쓰고 여섯 개의 공간에 붙여두라."

단, 굳이 여섯 개의 공간일 필요는 없지만 가능한 한 자주 눈에 띄는 곳에 있어야 효과적입니다.

한 조사에 따르면 목표를 종이에 적어놓고 보는 사람은 3퍼센트 정도에 지나지 않는다고 하는데, 목표를 하루에도 몇 번씩 떠올리는 사람은 분명히 더 적겠지요.

다른 예로 목표의 중요성을 알아보고자 다음과 같이 하버드 대학의 재학생들을 대상으로 목표 설정률을 조사했습니다.

1) 84퍼센트의 학생은 명확한 목적과 목표가 없었습니다.
2) 13퍼센트의 학생은 목적과 목표가 있지만 특별히 기록해두지는 않았습니다.
3) 3퍼센트의 학생은 명확한 목적과 목표가 있고, 그것을 기록해놓았습니다.

몇십 년 후, 졸업생들의 생활 상황을 다시 조사했습니다. 결국 3)의 명확한 목적과 목표가 있고 그것을 기록해놓았던 전

체의 약 3퍼센트에 속했던 학생의 수입이 나머지 1)과 2)의 97퍼센트 모두의 수입을 합한 것보다 10배나 많다는 결과가 나왔습니다.

저는 목표를 종이에 적어놓기만 한 사람과 그것을 반복해서 보는 사람 사이에서는 그 차이가 더 크게 나타난다고 생각합니다. 그리고 10만 배 이상의 효과가 있는 이미지 중심의 보물지도를 만든다면, 또 이를 거듭해서 바라본다면 어떨까요? 결과가 얼마나 좋을지는 잠재의식의 이론만 봐도 너무나 쉽게 상상이 됩니다.

하물며 자신의 미래 캐치프레이즈를 몇 번이고 반복해 봄으로써 자기이미지를 높이는 사람은 3퍼센트는커녕 0.1퍼센트도 안 될 것이라고 예상됩니다.

즉, 100명 중에서 상위 3퍼센트도 굉장한데 1,000명 중 한 명에 속할 확률이라면 이것이 얼마나 대단한 일인지는 아마 짐작하고도 남을 것입니다. 그런 만큼 당신에게는 다른 사람보다 1,000배 정도 혹은 2,000배, 3,000배 정도 성공할 기회가 주어지게 될 것이라 해도 과언이 아닙니다.

보물지도를 늘 가까이 두고 바라보세요. 아니면 집 안의 잘 보이는 곳에 장식해두세요. 그것만으로도 당신의 목표는 잠재의식에 하루하루 깊게 새겨지고 시간이 흐를수록 더 큰 차이가 생겨나게 됩니다.

   당신이 이 단계까지 모두 실행에 옮겼다면 참으로 훌륭한 일입니다. 스스로를 아낌 없이 칭찬해주세요. 당신은 칭찬받아 마땅한 사람입니다.

성공의 비결은 즐기면서 일하는 것입니다. 아무런 노력 없이 쉽게 성공하는 것처럼 보이는 사람들이 있다면 그들은 너무나 자연스럽게 즐기면서 노력한 것입니다.   - 다니구치 세이초

부자도 인정한
보물지도의 효과

저는 2개월 전에 모치즈키 씨의 보물지도 수업을 들었습니다. 집에 오자마자 저만의 보물지도를 만들었고 그 효과를 바로 실감하게 되었습니다. 보물지도라는 말에서 오는 묘한 두근거림. 영화 등에 자주 나오는 보물지도 특유의 종이 위로 제 꿈이 화상과 문자로 실린 장면이 자꾸만 머릿속에 떠올랐습니다. 그 순간 저는 느꼈습니다. '보물지도에는 뭔가 특별한 것이 있다'고 말입니다.

저는 그 이후부터는 보물지도에 그려 넣은 대로 정말 거침없는 활동을 하고 있습니다. 제게 이처럼 귀중한 가르침을 주신 모치즈키 씨께 진심으로 감사드립니다.

'보물지도에서 아이디어를 얻어 통신 강좌를 만들었습니다'라는 제목으로 위와 같은 메일을 보내온 사람은 인디애나 준이라는 유능한 기획자입니다. 그는 전부터 기획했던 통신 강좌의 일부에 보물지도의 개념을 넣어 '아이디어를 돈으로 바꾸는 모험 여행'이라는 제목의 강의를 진행하고 있습니다.

자신의 경험이 녹아 있는 교재를 가지고 보물지도에 대한 강의와 함께 기획안으로 인세를 받는 방법, 그리고 아이디어를 상품화할 수 있는 방법도 알려주고 있지요. 저도 듣고 있는데 알찬 내용과 돋보이는 센스 덕분에 메일 매거진 광고만으로도 개설한 지 불과 3개월 만에 300명 넘게 공부하는 인기 강좌가 되었습니다.

뿐만 아니라 PC 소프트웨어, 사이버펫(cyber pet)과 함께 인터넷 홈페이지를 만들어 크게 히트친 그는 현재 몇몇 회사들과 인세 계약을 맺고 있습니다. 그 상품들이 히트하면서 아이디어와 기획안만으로도 경제적으로 여유롭게 지내고 있고 '주간 현대' 등 50개 이상의 미디어 업체로부터 취재를 받기도 했습니다.

그리고 그가 오랫동안 준비해서 내놓은 책이 베스트셀러에 올랐습니다. 물론 자신이 만든 보물지도에 출판에 대한 꿈도 넣었다고 하더군요. 그는 보물지도의 효과를 경험한 후 회사의 스태프들에게도 이를 권했고 지금은 모두가 효과를 거두고 있다고 합니다.

사람은 자신이 오랫동안 상상한 대로의 인간밖에 되지 못한다는 말이 있습니다. 자신의 가능성을 믿으세요. 그리고 행동하십시오. 자신에 대한 신뢰는 인생을 살아가는 데 가장 든든한 동반자가 되어줄 것입니다.

저는 자주 "보물지도를 만들면 정말 원하는 것을 손에 넣을 수 있습니까?"라는 질문을 받습니다. 그러면 거기에 이렇게 대답해줍니다.

"보물지도를 만들면 신기하게도 자연히 행동할 수밖에 없게 돼요. 아니 저절로 행동하고 싶어진다는 말이 더 맞을 겁니다. 열정과 의욕이 솟아나면서 아이디어들도 잘 떠오르지요. 딱히 애를 쓰지 않는데도 보물지도가 알아서 꿈이 있는 곳으로 당신을 데려가 줍니다."

저는 뭔가를 손에 넣으려면 그 전에 '타인에게 뭔가를 주는 행위'가 전제되어야 한다고 생각합니다. 보물지도를 만들면 당연히 원하는 것을 손에 넣게 되지만, 일단 그 전에 주변에 행복의 씨앗을 마구 뿌리고 싶은 마음이 듭니다. 사람들은 길을 가다가 목적지가 저만치 보이면 어떻습니까? 더구나 최종 목적지인 자신의 꿈이 보이면 어떨까요? 얼굴에 저절로 웃음이 감돌게 되지요. 그처럼 꿈을 향해 가는 길은 마냥 행복하고 즐겁습니다. 이루기도 전에 미리 감사하는 마음도 들고, 문득 돌아보면 받는 사람보다 주는 사람이 되어 있는 자신을 발견하게 되지요. 저는 바로 이 점에서 보물지도가 대단하다고 생각합니다. 보물지도를 만든 후부터 저는 잠자는 시간도 아까워서 자꾸 뭔가가 하고 싶어졌습니다. 단지 저 자신만을 위해서가 아니라 주변 사람들도 함께 행복해지기를 바라면서요.

만약 당신이 10년, 11년 전에 저를 만났다면 마음이 가난한 사람이라는 인상을 받았을 것입니다. 하지만 이제는 저를 자신 있게 보여드릴 수 있습니다. 보물지도 덕분에요. 당신도 원하는 바를 얼마든지 이룰 수 있습니다. 실패를 겁내지 마세요. 온 힘을 다해 살아가십시오. 하루 중 가장 의미 있는 시간은 당신이 무언가에 열중한 순간입니다.

이 세상에서 가장 행복한 사람은 매우 즐겁고 행복하게 일하면서 생활비를 버는 사람일 것입니다.   - 월터 C. 알바레스

누구나 알지만
대부분 실천하지 않는 일

전 세계적으로 8천만 부라는 베스트셀러를 기록한 『영혼을 위한 닭고기 수프』 시리즈의 공저자인 마크 빅터 한센의 이야기를 들려드리겠습니다. 그는 1947년에 자신만의 TV쇼를 갖고 싶다는 목표를 종이에 썼습니다.

지금은 세계적인 베스트셀러 작가이자 명강연자이지만 당시 그는 무일푼의 파산 상태였습니다. TV프로그램의 방송과 제작에는 막대한 돈이 듭니다. 그러니 누가 그런 꿈을 갖고 있다고 말한다면 대부분 비웃을 것입니다. 그러나 당신도 알다시피 목표는 어떤 것이어도 좋습니다.

그로부터 9년이 흐른 어느 날 한센은 모 TV방송국의 연출자로부터 "당신의 이름으로 된 프로그램을 만들고 싶다"는 전화를 받게 됩니다.

그때의 대화 내용은 아래와 같았습니다.

한센 : "전화를 기다렸습니다."
연출자 : "제가 왜 전화했는지 아십니까?"
한센 : "9년 전에 제가 종이에 제 이름으로 된 TV프로그램을 갖고 싶다고 적었거든요."

그는 9년 전의 꿈을 한시도 잊거나 포기하지 않았고, 행동해야 할 때는 미루지 않고 실천하면서, 꿈은 분명히 실현된다는 확신과 함께 실현될 날만을 설레는 마음으로 기다렸을 것입니다.

'누구나 알지만 대부분 실천하지 않는 일!'

그것은 목표를 종이에 쓰는 일입니다. 더불어 필요한 행동을 하고, 믿고 기다리며, 한 걸음 더 나아가 보물지도를 만드는 일입니다.

당신의 미래는 당신 손에 달려 있습니다. 미래를 자유롭게 디자인하고, 마음껏 리모델링하십시오. 그리고 목표를 종이에 쓰십시오. 보물지도를 만들었다면 그것이 이뤄질 때까지 설레는 마음으로 기다리세요.

저는 꿈이 이뤄진다면 한센처럼 말할 것입니다.

"제 꿈이 어떻게 이뤄졌는지 알고 싶다구요? 그건 보물지도를 만들었기 때문이죠."

마음의 눈을 뜨고 길에서 만나는 모든 것들을 맛보세요. 당신의 행복을 성공으로 평가하지 말고 인생이라는 여행 전반을 즐기세요. 행복 그 자체가 길입니다.   - 웨인 W. 다이어

3년 만에 모든 꿈이
실현되었다!

 이제 저에 대한 이야기로 1장을 마치려 합니다.

제가 10년 전에 밑바닥 상태에서 올라와 여기저기에 '행복한 부자'로 소개된 것은 모두 보물지도 덕분입니다. 물론 행운을 만나고, 멋진 고객과 스승, 스태프를 만나는 등 헤아릴 수 없을 정도로 많은 인연을 맺은 결과이기도 하지요.

그 당시 제 나이는 30대 초반이었고, 수입은 스물일곱 때부터 해마다 줄고만 있었습니다. 그때는 누가 제게 무슨 일을 하는지 물어와도 선뜻 대답하기 곤란했습니다. 마음 치유라든가 자기계발 컨설턴트라고 하면 뭔가 이상한 일을 하는 사람처럼 보는 눈빛이었으니까요. 아마도 그 분야에 대한 사회적인 신용도가 부족했기 때문일 것입니다.

그러다 보니 여자친구를 사귈 처지도 못 되었고, 마음도 지치고 몸도 지친 데다 피부도 목소리도 생기를 잃었습니다. 저는 빚까지 진 상태로 다니던 회사에서 갑자기 정리해고를 당하고 말았습니다. 한마디로 실패한 남자의 전형적인 모습이었다고 할까요.

그러나 놀랍게도 저는 단 3년 만에 그 당시 제가 품고 있던 꿈들을 모두 실현하게 되었습니다. 그 꿈은 우선 제가 독립해서 천직으로 여길 만한 직업을 찾는 것이었지요. 구체적으로는 연 수입 1억 2천만 원 이상(보물지도를 만들 당시에는 연 수입 2천만 원 이하였다.)이 되는 것과 이상형의 여성과 결혼하고 세미나실이 딸린 집을 짓는 것, 전국에서 세미나를 열고 관련 책들도 출판하는 것, 또 거기에 적합한 능력, 성격, 인맥을 갖는 것이었습니다.

물론 누구나 가질 법한 흔한 꿈일지 모르지만 당시 바닥으로 추락한 제게는 도저히 이룰 수 없는 허황된 꿈 같은 이야기였습니다.

저도 한편으로는 보물지도에 꿈을 적는 것을 창피하게 여긴 적 있었습니다. 하지만 시험 삼아 보물지도를 만들어보기로 했는데, 3년이 지나고 나자 제가 꿈꾸던 모든 것이 실현되었습니다. 무엇보다 저 스스로 놀라운 일이었어요. 그 후부터는 많은 사람들이 저에게 이렇게 말합니다.

"모치즈키 씨는 정말 운도 좋아요."

어떻습니까? 당신도 한 번쯤 보물지도를 만들어 볼 만한 가치가 있겠다고 생각되지 않으세요?

당신이 할 수 있는 모든 것을 하세요. 할 수 있는데도 그것을 미루거나 포기하는 것은 잘못된 것입니다.   - 헨리 제임스

3년 전 … 평범한 샐러리맨

- 대체로 행복한 편이다.
- 그럭저럭 만족스럽다.
- 지금보다 나은 상황이 되기를 원한다!
- 종종 이유없이 불만이 생긴다.
- 평범한 생활에 싫증이 난다.
- 사는 보람을 못 찾겠다…….

3년 후 … 행복한 인생

- 일생을 함께할 파트너를 찾다.
- 하루하루가 가슴 뛴다.
- 가족과 멋진 친구들이 곁에 있다.
- 원하던 일을 하고 있다.
- 경제적으로 자유롭다.
- 마음의 평화를 얻었다.
- 사회적 결속력이 든든하다.

My Dream Building

2
보물지도로 꿈이 이뤄지는 이유

보물지도를 만드는 일은
현재 주어진 일에 감사하고, 행복을 느끼면서,
꿈이 이뤄지는 과정을 즐기며
한 발 한 발 나아가는 일입니다.

성공하는 사람은 늘 성공만 하고, 실패하는 사람은 늘 실패만 한다?

인간의 의식은 채널 기능을 가진 '확대렌즈'입니다. 어떤 것에 초점을 맞추면 더 크고 자세하게 보여주는 확대렌즈이자, 여러 방송국의 다양한 프로그램 중에서 희망 프로그램을 선택할 수 있는 라디오 튜너와도 같습니다.

의식이 받아들이는 정보는 무한한 기회의 씨앗이고 우리의 인생을 좌우하는 정보입니다. 의식은 현실에 존재하는 무수한 정보 속에서 자신의 명령에 따라 필요한 것을 선택하고 확대해서 보여줍니다. 그래서 우리가 의식을 어떻게 두고 어디를 향해 돌리느냐가 매우 중요하지요. 그것으로 기회의 양과 질이 달라지니까요.

그러나 우리는 자신도 모르게 인생은 고통의 연속이라거나, 세상 살기가 너무 힘들다거나, 남을 믿어서는 안 된다거나, 자신은 비극의 주인공이라는 등의 부정적인 정보를 찾아내는 경우가 많습니다. 그 정보가 성공과 발전과 가능성과 사랑과 감동이라면 문제없지만 대부분은 이와 전혀 반대되는 정보입니다. 그렇기에 자신의 의식 채널을 어디에 맞출 것인지가 중요해지는 것입니다.

지금부터 간단한 실험을 해보겠습니다.
다음 장을 펼치면 첫 줄에 굵은 글씨로 쓰인 제목이 있습니다. 굵은 제목만 읽고 지시에 따르세요. 그런 다음 아무 생각도 하지 말고 바로 눈을 감고 머릿속으로 숫자를 세어보세요.

다시 말하겠습니다.
'다음 장의 첫 줄에 있는 제목을 읽은 뒤 바로 눈을 감고 질문에 답해주세요.'
그러면 다음 장으로 넘겨주세요.

당신 주변에는 빨간 물건이
몇 개 있는가

 지금 바로 눈을 감고 정확히 몇 개인지를 마음속으로 세어보십시오.

몇 개가 떠올랐습니까?

그러면 이번에는 실제로 빨간(적색 계열) 물건이 몇 개나 있는지 눈을 뜨고 주변을 둘러보세요.

자신의 집이라든가 평소 친숙한 곳에서라면 10개 정도는 떠올렸을 것입니다. 하지만 친숙한 곳이 아니라면 거의 아무것도 떠올리지 못했을 거예요. 당신이 그곳에 1시간 이상 머물렀다고 해도 말이죠.

그러나 눈을 뜨고 주변을 둘러보면 유달리 빨간색 물건들이 눈에 더 들어오는 것을 느끼게 됩니다. 이는 당신의 두뇌가 평소에는 그만큼 많은 것들을 보지 못하고 지나친다는 증거이기도 합니다.

만약 '빨간색 물건'이 '당신이 꿈을 이룰 기회'라고 한다면 어떨까요?

당신은 너무나 많은 기회를 놓치고 있을지 모릅니다. 어쩌면 인생에 아무 도움도 안 되는 불필요한 걱정거리들로 머릿속이 꽉 차서 마땅히 누려야 할 작은 행복이나 기쁨마저 전혀 느끼지 못하고 사는 건지도 모릅니다.

무엇보다도 나쁜 것은 스스로는 아무것도 선택하지 못하고 용기가 없어서 시도조차 못한 채 살면서도 세상을 탓하고 무능한 자신을 탓하는 습관입니다.

그렇지만 이제는 걱정할 필요가 없습니다. 보물지도를 만들고 나면 좋은 습관으로 바뀌게 될 테니까요. 앞으로는 자신에게 도움 되는 일, 자신의 꿈과 가까워지는 일에만 계속해서 정신을 집중하면 됩니다.

그리고 스스로에게 이런 질문을 던져보세요.

'내 꿈을 이루기 위해서 도움 되는 일은 없을까?'
'지금부터 목표를 이룰 힌트를 찾아라!'

이 말을 반복해서 당신의 잠재의식에 명령하고 질문하면 됩니다. 그러면 당신의 두뇌는 당신이 어디서 무엇을 하고 있든 간에 계속해서 질문의 답을 찾을 것이고 명령에도 따를 것입니다.

당신이 지금까지 인생을 살아오면서 아무런 만족감도 얻지 못했다면 그것은 꿈을 포기한 채 현실과 타협하며 살아왔기 때문입니다.

직접 해보기 전에는 아무도 자기 안에 어떤 능력이 도사리고 있는지 미리 알 수가 없습니다.   - 어니스트 헤밍웨이

꿈과 행복이 지금보다
10배 이상 늘어난다

　　　　당신은 이제 빨간색 물건을 찾는 실험을 통해 뇌의 경이로움과 목표를 이루는 데 필요한 힌트나 정보를 끌어당기는 방법도 알았습니다.

　즉, 당신은 일단 질문을 던져놓고 뇌에게 답을 찾으라고 명령하면 보물지도가 스스로 '자동 레이더 장치'처럼 답을 찾아냅니다. 지금 일어나는 일은 물론이고 과거 정보에서도, 지하철을 타거나 TV를 보면서도, 다른 사람과 나누는 짧은 대화 속에서도 힌트를 발견하게 됩니다. 지금까지 쉽게 지나쳤던 기회도 절대 놓칠 일이 없고, 그렇다고 긴장하고 있을 필요도 없습니다.

당신은 자신의 보물지도에 어떤 꿈과 소망을 심었습니까? 어떤 목표를 적었나요?

여전히 아무것도 시작하지 못하고 있다면, 당신은 여전히 소망하는 삶과는 반대되는 쪽으로 걸어가게 될지도 모릅니다. 긍정적인 말과 정보들보다는 부정적인 말들과 정보들에 휩쓸려서 인생을 허투루 살아갈 수 있습니다. 그 전에 다시 앞 장으로 돌아가서 보물지도를 차례차례 준비하고, 그럴 시간이 없다면 종이에 목표 한 줄이라도, 캐치프레이즈 혹은 자기 선언 한 줄이라도 써서 붙여 놓으세요.

그 순간부터 당신의 의식은 소망하는 삶, 목표를 이루고 행복하게 사는 것, 다른 사람의 장점을 발견하고 슬픔보다는 감동적인 일을 찾는 쪽으로 방향을 돌리게 됩니다. 의식이 자동적으로 꿈과 목표 쪽으로 향해 있는 사람만이 기회도 행운도 재빨리 자신의 것으로 만들 수 있습니다.

목표가 확실한 사람은 아무리 거친 길이라도 앞으로 나아갈 수 있습니다. 목표가 없는 사람은 아무리 좋은 길이라도 앞으로 나아갈 수 없습니다.

- 토머스 칼라일

보물지도의
8가지 효과

지금부터는 보물지도로 꿈이 이뤄지는 이유, 보물지도가 목표를 실현하는 데 효과적인 이유를 간략히 정리해보겠습니다.

1. 꿈의 실현, 목표 달성의 이미지가 명확해지고, 열정이 솟구치며, 의욕이 생기고, 꿈과 목표 실현에 필요한 행동을 오래 지속할 수 있다. 또 감정을 수반한 이미지를 통해 계속해서 잠재의식에 강렬하게 작용한다.
   (목표를 말로 표현하거나 글로 쓰는 것도 강력하지만, 이미지의 작용은 더욱 강력하다.)

2. 보물지도를 매일 봄으로써 애쓰지 않아도 자연스럽게 정보가 모여들고 기회가 넓어짐과 동시에 아이디어가 샘솟고 행동력이 향상된다.
3. 항상 꿈과 목표를 의식하기 때문에 모든 행동과 사고가 목표를 향해 합리적으로 진행된다. 따라서 불필요하게 행동할 일이 없다.
4. 꿈과 목표를 거듭 생각하게 되고 이것이 표면적인 소망이나 불필요한 욕망이 아니라 진심으로 이루고 싶은 목표로 변화한다.
5. 자기이미지가 향상되면서 목표 실현과 가까워지는 상황을 이끌어낸다.
6. 저절로 행복실감형, 감사실천형, 성공추구형이 되어 운을 불러들인다.
7. 힘들게 노력하고 있다거나 애쓰고 있다는 느낌이 줄고 미루는 습관이 사라진다.
8. 매력적인 목표에 계속 도전하면서 많은 것들이 손에 들어온다. 도전하는 가운데 능력이 길러지고 경험이 축적되며 지원자와 인맥도 늘어난다.

다시 38쪽에 있는 '많은 사람들이 꿈을 포기하는 10가지 이유'를 보세요. 저도 한때 능력도 부족한데 자기이미지도 낮고 자신감도 끈기도 없어 작심삼일로 끝나기 일쑤였습니다. 그런 저도 달라졌습니다. 당신도 절대 불가능할 리 없습니다.

붓다가 말합니다.

"전생을 알고 싶은가? 그대의 오늘을 보라. 생의 앞날을 알고 싶은가? 그대의 오늘을 보라."

결국 당신이 보내는 오늘 하루가 당신의 인생을 만듭니다.

누군가가 뭔가를 필요로 할 때에는, 반드시 그것을 제공해줄 사람도 동시에 존재합니다.   - 바샤르(다릴 앙카)

소망이 이뤄지는 데는
뇌가 관련이 있다

최근 뇌 연구가 활발히 진행되면서 심리학 영역이었던 인지와 기억, 잠재능력이 과학적으로 속속 밝혀지고 있습니다.

주변을 잘 둘러보면 소원 성취나 사회적 성공은 학력이나 지능지수와는 큰 관련이 없는 경우가 많습니다. 그러나 소원을 이루기 위해 뇌를 알고 잘 사용해야 함은 틀림없지요. 따라서 우리가 효율적으로 학습하고 행동할 때 필요한 정보를 이끌어내는 '기억'에 대해 설명해보려 합니다.

기억에는 '단기 기억'과 '장기 기억'의 두 종류가 있습니다. 수첩을 보고 전화를 걸 때, 몇 초 동안은 전화번호를 기억할

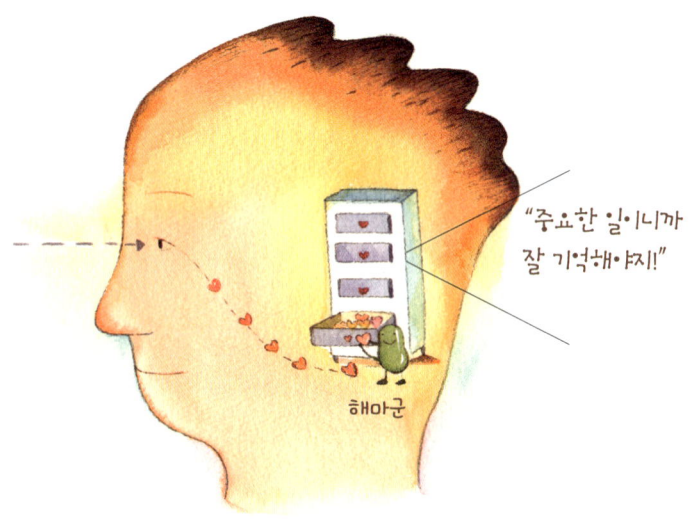

수 있습니다. 그러나 대부분은 전화를 걸고 나면 잊어버리는데, 이것이 단기 기억입니다. 한편 같은 전화번호라도 집이나 자신의 회사, 자주 전화하는 친구 등의 번호처럼 잘 기억나고 어지간한 일이 아니면 잊지 않는 경우도 있습니다. 바로 이것이 장기 기억입니다.

뇌에는 막대한 기억 용량이 있습니다. 하지만 사용하지도 않는 기억만 저장한다면 정작 중요한 일을 저장할 수 없게 됩니다. 자신에게 도움 되는 정보, 꿈과 소망을 이루는 데 필요한 정보를 입력하고 가장 적당한 때 이를 끌어낼 수 있어야 합니다. 이 기억을 향상시키는 역할을 하는 것이 뇌의 '해마'라는 부분입니다. 해마는 뇌에 담긴 정보를 스스로 단기 기억으로 저장함과 동시에 그것을 장기 기억으로서 대뇌피질에 기록할 것인가 말 것인가를 검토하고 변환하는 곳입니다.

재능도, 운도 뇌에 입력된 기억 데이터에 좌우됩니다. 두뇌 자체가 우수하고 덜 우수한 게 아닙니다. 거기에 입력된 데이터가 그 사람의 우수성을 결정짓는 것입니다.

인간은 누구나 각자 독특한 사명을 지니고 태어났습니다. 그것을 자각하면 신은 그 사람의 뇌내 모르핀을 분비시켜 활력과 성실함으로 발전적 사고를 펼쳐나가게 합니다.

— 하루야마 시게오

잠재의식을 내 편으로
만드는 방법

 해마 연구가이자 학습법에도 조예가 깊은 뇌과학자 이케가야 유지의 연구 일부를 요약해보겠습니다.

단기 기억을 현재의식, 장기 기억을 잠재의식이라고 한다. 관문지기 해마에게 반드시 필요하다고 인정받은 정보만이 관문을 통과해 장기 기억이 될 수 있다. 심사 기간은 약 1개월이다. 해마에게 중요한 것은 '살아가기 위해 꼭 필요한 정보인가' 하는 점이다. 해마는 온 힘을 다해 성실하게 몇 번씩 반복, 또 반복해서 찾아오는 정보여야만 '몇 번씩 찾아온 것을 보면 이것은 꼭 필요한 정보임에 틀림없어'

라고 판단하고 대뇌피질에 그 정보를 보낸다. 우리 뇌는 살아가기 위해 꼭 필요한 정보 외에는 가능한 한 빨리 많은 것을 잊도록 설계되어 있다.

자신은 정말 중요한 일은 잊지 않는다고 생각할지 모르지만 자꾸 반복해서 입력하지 않는 한 대부분 잊혀집니다. 그래서 보물지도가 필요합니다. 보물지도를 통해 매일 입력된 목표는 잠재의식에 단단히 새겨져 연중무휴로 활동하게 됩니다. 잠재의식을 믿게 되면 인생이 달라지고 운명이 달라진다고 말하는 이유가 바로 그것입니다.

그리고 성공한 사람들은 이렇게 말합니다.
"목표를 종이에 써라. 그것을 수시로 보고 되뇌어라."
"자신이 성공하는 장면을 자주자주 떠올려라."
"항상 문제의식을 가져라."
이 말들의 근거를 뇌과학이 증명하고 있습니다.

이 세상 그 어떤 것도 집념을 이길 수는 없습니다. 재능도, 교육도, 천재성도 한계가 있습니다. 목표와 집념만이 모든 것을 가능케 합니다.

— 작자 미상

보물지도는
당신만의 일류 코치

개는 사람보다 7배 빨리 나이를 먹는다는 뜻의 '도그 이어(Dog Year)'라는 용어가 있습니다. 우리도 지금 1년이 예전 7년에 맞먹을 정도로 놀라운 속도로 급변하는 시대에 살고 있습니다. 정신을 바짝 차리고 있지 않으면 정작 중요한 일을 놓치거나 기한을 넘기거나 기억에서 완전히 지워버릴 수 있습니다.

회사 업무라면 상사나 동료가 조언해주거나 점검해주기 때문에 잊어버릴 일이 별로 없지만 당신 인생에서의 중요 항목까지 일일이 점검해줄 사람은 없습니다. 인생의 우선순위를 잘 정하고 꼼꼼히 점검하지 않으면 먼훗날 자기 인생을 뒤돌아보았을 때 '소중한 것을 놓치고 살았다'는 사실을 깨닫고 후회할지 모릅니다.

하지만 보물지도를 만든 사람, 목표를 단단히 세우고 평소에도 늘 확인하는 사람은 괜찮습니다. 그 사람은 매일 자신의 꿈이 담긴 보물지도와 목표를 바라봄으로써 뇌가 자동적으로 '자신이 할 일'의 우선순위를 정리해줄 테니까요.

간혹 중간에 예상치 못한 사건이 발생해 돌아갈지언정 인생 여정은 어김없이 목표를 향해 갑니다. 이는 자동차 내비게이션에 목적지를 설정한 것과 같아서 정해진 길에서 잠시 벗어나더라도 다시 올바른 길로 이끌 것입니다.

제임스 프로차스카는 이렇게 말했습니다.

"제비 한 마리가 날아왔다고 봄이 온 것은 아니듯, 잠깐 휘청거렸다고 완전히 넘어지는 것은 아니다. 문제가 되는 행동을 변화시키려다 보면 실수도 하고 예전으로 돌아가기도 한다. 그러나 일시적으로 일탈했다고 해서 실패가 기정사실이 되는 것도, 재발을 피할 수 없는 것도 아니다. 아직도 이 전투를 승리로 이끌 기회는 남아 있다."

보물지도를 만들고 그것을 바라보는 일은 인생의 우선순위를 메모하고, 꼭 필요할 때 이끌어주는 유능한 코치나 매니저를 고용한 것과 다름없습니다. 게다가 비용은 완전히 무료입니다. 보물지도는 성공 코치로서 당신의 인생 여정을 함께 달려줄 것입니다. 인생의 안내자 역할도 하면서 말이지요. 보물지도는 당신의 잠재의식에 지령을 내리고 오늘도 당신의 일거수일투족을 지켜보고 있습니다.

당신 인생에서 가장 중요한 일은 무엇입니까? 그것을 찾아 보물지도에 담으십시오. '시작은 미비하였으나 그 끝은 창대하리라'는 진리를 항상 기억하십시오.

우리는 태어난 기념으로 이 세계를 선물받았습니다. 세계는 호화로운 상자 안에 멋진 리본으로 장식되어 들어 있습니다!

- 레오 버스카글리아

자연스럽게 우연의 일치가
발생하는 이유

'싱크로니시티(Synchronicity)'라는 말은 흔히 '동시성 혹은 동시 발생' 등으로 해석되지만, 더 쉽게 표현하면 '우연의 일치'라고 할 수 있습니다.

가령 어떤 문제로 한참 고민 중이었는데 마침 친구의 전화를 받고 갑자기 답이 떠오르는 일, "이거 완전히 우연의 일친데!" 하는 감탄사가 저절로 튀어나오는 것이 바로 싱크로니시티입니다.

보물지도를 만들면 우연의 일치가 자주 발생합니다. 저도 셀 수 없을 정도로 많이 경험했고, 또 보물지도를 만든 분들이라면 반드시 경험하는 일이기도 합니다. 길어야 1~2주 사이면 당신에게도 반드시 우연의 일치가 발생하게 될 것입니다. 이러한 이치는 우리의 뇌 기능을 가지고도 충분히 설명할 수 있습니다.

우뇌(잠재의식)는 주로 마음의 이미지와 감정을 담당하는데 1초 사이에 1,000만 비트의 고속으로 정보를 처리하며, 이에 반해 언어와 논리를 담당하는 좌뇌(현재의식)는 매초 40비트밖에 처리할 수 없다고 합니다.

우뇌에 문제의식과 주제, 질문을 좀 더 명확히 던져주면 초당 1,000만 비트나 되는 정보 중에서 중요한 정보를 좌뇌로 보냅니다. 그래서 보물지도를 만들면 꿈을 이루는 해답이 보다 쉽게 나타나는 것이지요.

뇌를 어떻게 사용하느냐에 따라 더 쉽게 꿈을 이루는 사람과 그렇지 못한 사람이 생겨나는 이유가 그것입니다.

나는 똑똑한 것이 아니라 단지 문제를 더 오래 연구할 뿐입니다.
― 아인슈타인

우연의 일치는
꿈과 가까워지고 있다는 증거

20세기 최고의 물리학자 앨버트 아인슈타인은 다음과 같이 말했습니다.

"인생에는 두 가지 삶밖에 없다.
한 가지는 기적 같은 건 없다고 믿는 삶.
또 한 가지는 모든 것이 기적이라고 믿는 삶.
내가 생각하는 인생은 후자이다."

우연의 일치는 보물지도의 효과가 나타나는 증거라고 할 수 있습니다. 우연의 일치를 깨달으면 깨달을수록 불가사의한 일들이 연속적으로 일어납니다. 또한 시간이 지날수록 당신이 꿈을 이루는 데 필요한 힌트와 아이디어가 여기저기서 날아들게 됩니다.

보물지도를 만든 후 초기에는 당신에게 일어나는 우연들을 휴대전화나 수첩에 기록하세요. 꿈을 향해 조금씩 다가서고 있음을 분명히 실감하게 됩니다. 나아가 당신의 보물지도 역시 점점 더 강한 생명력을 가집니다.

저는 스스로를 일컬어 '걸어다니는 싱크로(싱크로니시티의 줄임말) 마스터(달인)'라고 부릅니다.

세상에는 우연이란 없다고 말하는 사람들이 있습니다. 그들은 모든 일들이 필연적이며 다 의미가 있어서 일어난다고 말이지요. 이제 작은 우연 하나도 놓치지 마세요. 처음에는 긴가민가 했던 우연도 쌓이고 쌓이다 보면 큰 행운으로 돌아오는 날이 올 테니까요.

인생은 우리의 상상을 넘어서는 깜짝 놀랄 해답을 준비하고 있습니다.
― 존 로저 & 피터 맥윌리엄스

화상 정보는 잠재의식에
강력하게 작용한다

　이제 당신도 우뇌와 좌뇌의 역할을 감안했을 때 보물지도에는 사진이나 그림이 꼭 필요함을 알게 되었을 것입니다. 다시 강조하지만 이미지는 글자로 적힌 목표보다 뇌에 더 강력하게 작용합니다.

　이미지가 가진 정보량의 크기에 대해선 과학적으로 더는 설명할 필요가 없을 것입니다. 예컨대 휴대전화로 보이는 화상과 문자의 경우만 해도 전달되는 정보량에 엄청난 차이가 있으니까요.

　당신이 어떤 정보를 상대방에게 전화로 전달해야 한다고 가정해봅시다. 한 장의 이미지와 비교했을 때 어느 정도의 말

"사진으로 보면 한눈에 감이 오죠."

이 필요할까요? 실제로 전달량에서 40비트 대 1천만 비트라는 놀라운 차이를 보인다는 연구 결과가 있습니다. "설마, 그정도까지 차이가 날까?!" 하며 의심하는 사람도 그 비율이 1대 100을 훨씬 넘어선다는 사실은 평소에도 실감하고 있을 것입니다.

보물지도에 아무런 형식 없이 마음껏 붙인 한 장의 사진이

벽면에 빈틈없이 나열된 문자보다 더 큰 정보를 가지고 있습니다. 게다가 우리 뇌는 이미지 정보를 순간적으로 처리하는 능력, 즉 이미지에 담긴 다양한 정보를 일순간에 이해할 수 있는 '패턴 인식' 능력을 가졌습니다.

지금까지 소망이나 꿈을 이루는 방법에 대해 쓰인 책들을 보면 대부분 머릿속으로 이미지를 떠올리는 이미지트레이닝을 중심으로 말해왔습니다. 그러나 21세기는 바야흐로 화상과 같은 큰 정보조차 컴퓨터로 한순간에 전 세계에 전송할 수 있는 시대입니다.

따라서 이런 시대에 가장 최적화된 소망 실현 도구는 보물지도라고 자신 있게 말할 수 있습니다. 앞으로는 이러한 꿈 실현법이 더욱더 많은 곳으로 확대되고, 더욱더 많은 사람들이 이 방법을 실천하게 될 것이 틀림없습니다.

인간은 누구나 찬란하고 빛나는 삶을 살 자격이 있습니다. 그 자격을 지키며 사는 것은 당신의 의무입니다.

여러분은 단순히 생계를 유지하기 위해 여기에 온 것이 아닙니다. 보다 멋지고 아름다운 세상을 위해 무언가를 성취하려고 이 세상에 온 것입니다.

― 로빈 S. 샤르마

잠재의식은 가슴 뛰는 이미지를 잊지 않는다

현재의식과 잠재의식은 흔히 빙산에 비유되는데, 수면 위에 튀어나와 있는 약 10퍼센트 부분이 현재의식이고, 수면 아래에 잠겨 있는 나머지 90퍼센트는 잠재의식이라고 합니다. 다시 말해 실제로 우리가 활용하는 의식은 불과 10퍼센트밖에 되지 않는다는 뜻입니다.

하지만 여기까지 읽어오면서 자신의 잠재의식이 우리 인생에 얼마나 큰 영향력을 가지고 있는지 잘 인식했으리라고 믿습니다.

그럼 잠재의식에는 어떤 특성이 있고 어떻게 하면 잠재의식을 움직이기가 쉬울까요? 그 답은 다음과 같습니다.

1. 말보다 이미지에 더 크게 반응한다.
2. 감정이 담긴 것에 강하게 반응한다.
3. 자주 반복되는 것에 반응한다.
4. 현실과 상상을 구별하지 못한다.
5. 부정형을 이해하지 못한다.
6. 긴장을 풀면 더 쉽게 움직인다.
7. 주어는 모두 1인칭으로 이해한다.
8. 잠재의식은 타인과 밀접하게 연결되어 있다.

1~3번까지는 이미 설명한 바와 같이 이미지 정보가 뇌에 반복적으로 주어질수록 잠재의식에 강하게 새겨집니다. 그러면 뇌는 잠재의식의 명령대로 충실히 따르게 되는 것이지요.
나머지 4~8번에 대해 설명해보겠습니다.

4. 현실과 상상을 구별하지 못한다

잠재의식은 현실과 상상을 구별하지 못하는 성질이 있습니다. 그 예로 제가 강연 중에 청중들에게 레몬 이미지를 머릿속으로 떠올려보라고 하면, 그들은 실제로 레몬을 먹은 게 아닌데도 대부분 입안에 침이 고인다고 말합니다.

　당신이 어떤 일에 실패했다고 합시다. 그 일을 후회하면서 머릿속으로 계속해서 떠올리면 잠재의식은 그때마다 당신이 실제로도 실패했다고 인식합니다. 반대로 단 한 번 성공했더라도 그것을 거듭해서 생각하면 잠재의식은 그때마다 당신이 실제로도 성공했다고 인식하지요. 자신감과 자기이미지를 높이는 데는 반드시 여러 번 성공하지 않아도 됩니다. 자신이 성공한 장면을 거듭 떠올리기만 해도 잠재의식에서는 자신감이 생기고 자기이미지 역시 높아집니다.

5. 부정형을 이해하지 못한다

제가 지금 당신에게 "맥주를 상상해보세요. 대신 맥주가 목을 타고 넘어갈 때의 좋은 기분은 절대 생각해선 안 됩니다"라고 부정형으로 말한다고 해보죠. 정말 맥주 마시는 기분을 상상하지 않을 수 있을까요? 당신의 머릿속은 시원한 맥주 생각으로 가득 찰 것입니다.

잠재의식은 부정형을 긍정형으로 이해하는 특징이 있습니다. 그래서 'ㅇㅇ하지 말아야지' 하고 의식하면 할수록 'ㅇㅇ하게 되는 것'처럼요. 마치 안면 홍조증을 가진 사람이 '얼굴 빨개지지 말아야지'라고 의식하면 할수록 얼굴이 더 붉어지는 이치와 같습니다.

6. 긴장을 풀면 더 쉽게 움직인다

긴장할 때보다 긴장을 풀었을 때 잠재의식에 더 쉽게 작용하게 됩니다. 특히 이른 아침과 늦은 밤과 같이 긴장이 느슨해질 때가 절호의 타이밍입니다.

7. 주어는 모두 1인칭으로 이해한다

당신이 평소 싫어하는 사람을 보면서 '저런 인간은 실패를

맛봐야 정신 차리지'라고 생각한다고 합시다. 그 생각은 상대에게는 별로 영향을 미치지 않지만 당신은 실패 장면(이미지)을 떠올리게 되므로 정작 영향받는 사람은 상대보다 자신(1인칭)입니다.

일본 속담 중에 "남을 저주하면 손해가 두 배"라는 말이 있는데, 뒤집어 보면 "남을 축복하면 복은 두 배"라는 말과 같습니다. 남을 진심으로 축복하는 일 역시 사실은 자기 자신에게 더 큰 영향을 미칩니다.

8. 잠재의식은 타인과 밀접하게 연결되어 있다

융은 한 개인의 잠재의식은 다른 사람의 잠재의식과 서로 밀접하게 연결되어 있다고 했습니다. 따라서 날카로운 직관력을 가진 사람은 상대방의 마음을 쉽게 알아차리고, 마음속으로 어떤 이미지를 선명하게 그리면 주변 사람에게도 그 영향이 미칩니다. 이는 우연의 일치와도 연관이 있는데, 이 점에 대해서는 3장에서 다시 다루기로 하겠습니다.

당신이 가슴 뛰는 삶을 사는 것, 그것은 당신에게 주어진 진리의 길이자 이번 생의 목적입니다. — 다릴 앙카

자동으로 움직이는 소망달성기

앞에서도 사람은 태어나면서부터 자동으로 움직이는 소망달성기를 지니고 있다고 말했습니다. 남은 건 소망달성기의 스위치를 켜는 일입니다. 그 장치에는 두 개의 스위치가 있습니다. '반드시 이뤄진다'는 긍정의 스위치와 '이뤄지지 않는다'는 부정의 스위치가 그것입니다. 당신은 둘 중에 어느 스위치를 켜겠습니까?

잭 캔필드가 쓴 『영혼을 위한 닭고기 수프』라는 책에는 곱추왕자의 이야기가 등장합니다.

훌륭한 나라에서 태어난 왕자가 있었습니다. 그 왕자는 원하는 건 무엇이든 손에 넣을 수 있었습니다. 왕이 곱추왕자를 가엾게 여겨 무엇이든 해주었기 때문이지요. 그러나 왕자는 조금도 행복하지 않았습니다.

그래서 왕은 "너는 어떻게 하면 행복하겠느냐?"라고 물었습니다.

그러자 왕자는 "분수도 모르는 소원입니다만 저는 제 동상을 세우고 싶습니다"라고 말하는 것이었습니다.

"너는 아직 10대가 아니냐. 동상은 너무 이르다. 나는 쉰 살이 되도록 동상이 없단다"라고 왕이 대답했습니다.

그러나 왕은 왕자의 청이 너무도 간절하자 결국 그의 소원은 들어주기로 했습니다.

그 동상은 '등이 곧고, 많은 사람들에게 웃음을 안겨주며, 그 나라를 번영시키는 상징이 담긴 모습'이었다고 합니다. 왕자는 그것을 매일 하루도 빠짐없이 바라보았고 스무 살이 넘을 무렵에는 등이 곧게 펴졌습니다.

태어나면서부터 곱추였던 왕자는 마침내 멋지고 당당한 왕자가 되었고, 나중에는 훌륭한 왕이 되어 그 나라를 크게 번창시켰다고 합니다.

우리는 지금 이 순간도 눈으로 보는 것, 만지는 것, 그리고 항상 마음속에 새겨넣고 있는 것에 의해서 조금씩 변화하고 있는지도 모릅니다.

소망은 그 변화 속도에 맞춰 서서히 이뤄지기도 하지만 때로는 빠르게 이뤄지기도 합니다. 이처럼 우리 모두에게는 각자 자동으로 움직이는 소망달성기가 있다는 사실을 잊지 않고 꼭 기억했으면 좋겠습니다.

하늘은 태만하게 보냈던 현재의 삶을 만회하도록 두 번째의 삶을 허락하지 않습니다.　　　　　　　　　　　- 토머스 제퍼슨

성공은 평소 관심을
어디에 두느냐에 달렸다

일본에서만 천 개 이상의 체인점을 둔 커피숍 '도토루'의 창업자 도리바 히로미치 사장은 이렇게 말합니다.

"사업의 기회라는 것은 신의 계시처럼 어느 날 갑자기 선택받은 자에게만 내려지는 것도 아니고, 평범한 사람들은 도저히 접근할 수 없는 불가능한 일에 도전하는 모험가에게 그 용기의 증거로 주어지는 것도 아니다. 사실 그것은 일상생활 속에서 몇천, 몇만의 사람들이 똑같이 보고 듣는 것 가운데 얼마든지 있다. 그중에서 사업 기회를 찾아낼 수 있느냐 없느냐는 평상시의 마음가짐에 달렸다."

"내가 파리의 카페에서 커피를 서서 마시는 모습을 보고 도토루 커피숍(셀프서비스 방식의 스탠드 카페)의 힌트를 잡았을 때도, 독일에서 일본에도 레귤러커피의 셀프서비스 시대가 오리라는 걸 확신했을 때도, 내 옆에는 몇십 명의 동업자들이 함께 있었다. 그것을 사업으로 성공시키느냐 아니면 남이 성공하는 모습을 지켜보며 남몰래 부러워해야 하느냐 그 차이는 관심, 고집, 소망, 집착에 있다. 마음에는 모든 것을 끌어당기는 힘이 있다."

같은 장면을 봤어도 몇십 명 중에 한 사람, 혹은 몇만 명 중에 한 사람만이 깨닫는다면, 그 기회는 무한히 넓어집니다. 발견과 깨달음은 좋은 머리에서 얻어지는 것이 아니라 평소에 얼마나 큰 관심과 문제의식을 가지고 사느냐에 따라 얻어집니다.

당신은 마땅히 부자가 되어야 합니다. 부유하게 살지 못하면 두 배로 불행합니다. 당신을 보다 풍족한 삶으로 인도할 확실한 방법이 분명히 존재하기 때문입니다.   - 러셀 H. 콘웰

보물지도에 붙인
한 장의 사진으로 꿈을 이루다

제가 주관하는 보물지도 세미나에 오야마 도모코라는 젊은 여성이 참가했던 적이 있습니다.

그녀는 보물지도를 만들기 위해 아름답고 멋진 교회에서 찍은 결혼식 사진을 잡지에서 오렸습니다. 그리고 신부의 얼굴을 자기 얼굴로 바꿔 붙였지요. 이처럼 모델의 얼굴을 자신의 얼굴로 바꿔 붙이는 것도 실현 속도를 높이는 좋은 방법입니다.

사진은 세미나 당일, 다른 출석자가 가져온 잡지에서 오린 것이었습니다. 오야마는 그 사진을 6개월 정도 붙여두었다고 합니다. 그러나 그녀는 교회가 해외에 있다는 것은 기억했지

만 그곳이 하와이라는 사실은 까맣게 잊고 있었습니다.

그로부터 약 2년 후, 그녀는 결혼을 하게 되었습니다. 게다가 평소 꿈꾸던 것처럼 해외, 그것도 하와이에서 결혼식을 올렸지요. 식장은 '누아누컨그리게이셔널'이라는 교회였는데, 처음 와본 곳이었지만 그녀는 결혼식을 치르면서 왠지 어디선가 본 적이 있는 듯한 느낌을 받았습니다.

오야마는 귀국하고 얼마 후 짐 정리를 하다가 전에 만들었던 바로 그 보물지도를 발견하게 되었고, 순간 놀라지 않을 수 없었습니다.

보물지도에는 그녀가 여행사로부터 추천받은 몇 개 교회 중에서 선택했던 누아누컨그리게이셔널 교회의 사진이 붙어 있었던 것입니다! 마치 2년 후를 예측한 것처럼 말이죠. 물론 이것은 단순한 우연에 지나지 않을지도 모릅니다. 하지만 보물지도를 만들었던 사람들에게서는 실제로 이런 불가사의한 일들이 많이 일어나고 있습니다.

가르쳐주고 싶지만 누구에게도 그럴 힘은 없습니다. 세상에서 가장 중요한 선물은 오직 당신만이 당신 자신에게 줄 수 있습니다.
- 스펜서 존슨

현재의 행복에 감사하며
한 걸음 더 나아가자

저는 보물지도를 만나기 전까지는 '○○만 손에 넣으면 행복할 텐데!'라는 생각 때문에 그것들을 얻기 위한 온갖 노력을 거듭해왔습니다.

그런데 그 뭔가를 손에 넣어도 그것은 일시적 만족에 지나지 않았습니다. 그리고 원하는 것 역시 계속해서 달라져 갔습니다.

'능력만 생기면…….'
'괜찮은 사람만 만나면…….'
'수중에 돈만 넉넉하다면…….'

그러다 어느 순간, 아무리 외적인 것을 추구하고 또 그것을 얻더라도 반드시 행복까지 얻어지는 것은 아니라는 사실을 깨달았습니다. 행복을 얻기보다는 '행복하게 느낄 수 있는 마음'이 무엇보다도 중요하다는 사실을 알게 된 것입니다.

세계적인 베스트셀러 작가이자 미국에서 성공과 자기계발에 관한 강연으로 명성이 자자한 앤서니 라빈스는 이렇게 말합니다.

"목표를 설계하는 진정한 목적은 그것을 추구하는 가운데 인간적으로 완성되기 위한 것입니다."

"많은 사람들이 목표를 정할 때는 그것들이 실현된 후에야 비로소 행복이 찾아온다고 생각합니다. 하지만 행복해지기 위해서 목표를 정하는 일과 행복하게 목표를 달성하는 일에는 큰 차이가 있습니다. 매일을 열심히, 가능한 한 많은 기쁨을 이끌어내면서 살아가세요."

보물지도는 자기이미지를 끌어올립니다. 보물지도를 만드는 일은 현재 주어진 일에 감사하고, 행복을 느끼면서, 꿈이 이뤄져 가는 과정을 즐기는 일입니다. 그러면 인생에 좋은 흐름이 찾아오게 되고 당신은 그 흐름을 따라가다가 어느 한순간 최종 목적지에 도달하게 됩니다.

오로지 최종 목표에만 매달려서 끙끙거리며 애쓰지도 초조해하지도 마세요. 다음과 같은 마음가짐으로 오늘 할 일에만 집중하세요.

'원하는 것은 내가 그것을 가장 필요로 할 때 주어진다.'
'그것이 내 손에 들어오는 것은 당연하다.'

이런 마음 자세가 목표가 더 빨리, 그리고 가장 알맞은 때 실현되도록 만듭니다.

우리의 부에 한계가 있는 것은 우리의 소망에 한계가 있기 때문입니다. 신념만이 한계를 무너뜨릴 수 있습니다.

― 나폴레온 힐

My Dream Building

3 보물지도로 꿈을 이루는 방법

마음이 끌리는 일이 생기면
무엇이든 바로 시작하십시오.
이것이 보물지도로 꿈을 이루는 첫걸음입니다.

당신의 운명을 바꾸는
마법의 말

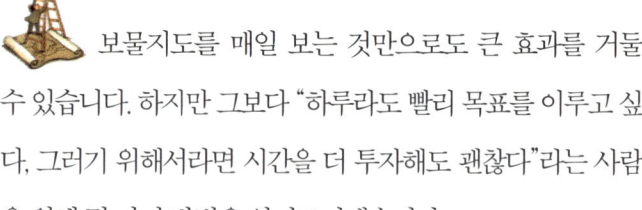 보물지도를 매일 보는 것만으로도 큰 효과를 거둘 수 있습니다. 하지만 그보다 "하루라도 빨리 목표를 이루고 싶다, 그러기 위해서라면 시간을 더 투자해도 괜찮다"라는 사람을 위해 몇 가지 방법을 알려드리겠습니다.

꿈이 이뤄진다고 할 때, 일본에서는 '이뤄진다'는 뜻으로 화합할 협(叶)자를 씁니다. 이 글자는 '口'와 '十'이 합쳐진 글자인데 원래는 양손을 맞대고 기도하는 형태, 즉 '입'가에서 '열' 손가락과 양손을 합장하는 데서 생겨난 것이라고 합니다. 이것을 말 그대로 소리내어 10번씩 계속 되뇌면 소망이 이뤄

진다고 해석하는 경우도 있습니다. 이처럼 일본인들은 '고토다마(言靈)'라고 해서 말에는 놀라운 힘이 담겨 있다는 사상을 가지고 있지요.

평소에 자주 하는 말은 자신이 평소에 상상하는 이미지만큼 중요합니다. 심지어 "입버릇이 운명을 바꾼다"라고 말하는 사람까지 있을 정도입니다.

사람은 태어나서 성인이 되는 20년 동안 가정에서 보통 14만 번 이상은 부정적·소극적·파괴적인 메시지를 샤워기에서 물이 쏟아지듯 받고 산다고 합니다. 하루 평균 20회 정도 듣게 되는 이런 메시지들은 어느새 그 사람의 말투, 사고습관으로 자리하게 됩니다. 결국 이런 습관들은 자동적으로 프로그램화 되면서 부정적이고 소극적인 사람이 되는 것이지요.

이는 비극처럼 보이겠지만 이미 그 사실을 알고 있는 당신에게는 기쁜 소식입니다. 이제는 지금까지 능력을 발휘할 수 없었던 이유 하나를 알게 됐으니까요. 이제는 잘못 짜여진 프로그램을 수정해나가는 일만 남았습니다.

구체적으로는 긍정적이고 건설적인 메시지의 샤워를 적어도 하루 20회 이상 계속해서 받으면 됩니다. 어제보다 오늘, 오늘보다 내일, 당신의 머릿속 프로그램은 당신이 더 많이 끌리는 방향으로, 자기이미지도 더 좋은 쪽으로 작용하게 됩니다. 또 당신은 시각적인 보물지도를 통해 올바른 목적지를 잠재의식에 입력하게 되는데, 이때 필요없는 프로그램은 삭제되고 새 프로그램이 설치됩니다.

보물지도는 이렇게 새 프로그램을 자동으로 만드는 역할을 합니다. 새 프로그램을 의식적으로 만드는 방법이 더 있는데, 바로 앞으로 소개할 '애퍼메이션'이라는 긍정 선언과 확신, 그리고 미래일기 등의 이미지트레이닝입니다.

앞으로는 긍정적인 자기 선언에 대해 좀 더 자세히 소개하고자 합니다.

자기 선언이란 "모든 일이 점점 좋아지고 있다", "내 꿈은 실현되고 있다"고 하는, 당신의 인생을 원하는 방향으로 이끄는 강력한 힘을 지닌 말입니다. 오늘부터 마음에 드는 자기 선언 하나를 선택해서 계속 되뇌어보세요. 보물지도와 함께 당신의 인생에 더 큰 긍정적인 변화를 가져올 것입니다.

말은 마음의 표현입니다. 마음가짐이 몸의 70퍼센트를 차지하는 물의 성질을 바꾸고, 그 변화는 바로 몸으로 나타납니다.

– 에모토 마사루

"오늘도 행복했고, 내일도 행복하겠습니다.
늘 고맙습니다!"

3장. 보물지도로 꿈을 이루는 방법

갈매기의 꿈은
곧 리처드 버크의 꿈

 "그래, 정말이야! 나는 이곳에서 완전한 갈매기, 무한한 가능성을 가진 갈매기가 되는 거야!"

리처드 버크가 쓴 『갈매기의 꿈』의 한 구절입니다. 이 책은 그의 사고와 소망 성취의 핵심을 갈매기를 통해 이야기함으로써 베스트셀러가 되었습니다.

『갈매기의 꿈』은 세상에 나오기까지 우여곡절을 거쳤습니다. 리처드 버크는 비행사를 시작으로 온갖 직업을 전전하다가 자신의 꿈을 갈매기에 투영한 시와 소설을 썼습니다. 그러나 원고를 들고 수많은 출판사를 찾아다녀도 어디에서도 받

아주지 않았습니다. 그럼에도 그는 포기하지 않고,

'갈매기의 꿈은 반드시 세상 사람들에게 인정받는 날이 온다.'

라는 문장을 종이에 써서 벽에 붙이고는, 매일 아침 눈을 뜨는 대로 이를 소리 내어 읽고 자신의 꿈이 이뤄지는 상황을 끊임없이 상상했습니다.

종이가 누렇게 바랜 9년 째 되던 어느 날 캘리포니아 연안에 히피족들이 생겨났습니다. 히피들 사이에서 성경처럼 읽힌 책이 바로 그가 자비 출판한 『갈매기의 꿈』이었습니다.

얼마 후 이 책은 출판사의 눈에 띄어 20여 개국에서 번역 출간되었고 자그마치 1천만 부가 넘는 초대형 베스트셀러가 되었습니다.

조나단은 다른 갈매기와는 달리 보다 높이, 보다 빠르게 날겠다는 소망을 품고 살고 있었습니다. 그러던 어느 날 이런 궁극적인 의문에 부딪쳤습니다.

'생각한 순간 어느 곳으로든 날아가기 위해서는 어떻게 하면 좋을까?'

그리고 어느 순간 해답이 떠올랐습니다.

'그것은 내가 이미 그곳에 도달했다는 사실을 아는 일'이었던 것입니다.

갈매기에게는 원하는 대로 날고픈 꿈이 있다면, 사람에게는 원하는 대로 살고픈 꿈이 있습니다.

리처드 버크는 실제로 9년 동안 자신의 책은 언젠가는 꼭 인정받게 될 것이며 널리 사랑받게 될 것임을 믿었고, 그 믿음을 담아 주문처럼 외웠습니다. 그 책이 베스트셀러가 되어 많은 사람에게 읽히는 장면도 끊임없이 그렸지요. 이미 그것이 달성된 장면을 수없이 반복하면서 말입니다.

그리고 마침내 그는 자신의 소망을 이루게 되었습니다.

신념이란 아직 실현되지 않은 일도 실현되리라 굳게 믿고, 불확실한 것을 확신하는 일입니다.

리처드 버크처럼 성공한 사람들이 모두 탄탄대로만 걸었던 것은 아닙니다. 오히려 아주 고통스럽고 괴로운 길을 걸어야 할 때가 많았습니다. 강인한 의지와 확고한 신념이 없었다면 그들은 어려움을 제대로 극복하지 못하고 뒷걸음질 치다가 쓰러지고 말았을 것입니다.

그렇다면 신념을 확고히 하는 방법이 있다면 무엇일까요?

게다가 쉽다면 더 좋겠죠.

그것은 바로 '자기 선언'입니다. 자기 선언이란 미래에 이루고픈 소망에 대해 '이미 이루었다', '원하는 걸 얻었다'라는 식으로 먼저 선언하는 일입니다.

이는 또한 자신의 의식과 자기이미지의 품격을 높이는 말이기도 합니다. 마음속에 싹튼 소망이 말로서 명확한 형태를 갖추게 되었을 때 비로소 소망은 이루어질 수밖에 없는 확고부동한 것이 됩니다.

리처드 버크의 자기 선언은 '갈매기의 꿈은 반드시 세상 사람들에게 인정받는 날이 온다'는 것이었습니다.

인간은 스스로 원하는 만큼의 행복을 얻습니다.

- 에이브러햄 링컨

자기 선언의
4가지 기술

 자기 선언문을 만들 때 다음과 같이 지켜야 할 4가지 요점이 있습니다.

1. 미래형이 아니라 현재형으로 한다. 가능하면 과거완료형이나 감사완료형으로 되뇌는 것이 효과적이다. 예컨대 "이뤄지면 좋겠다 → 이루고 싶다 → 이룰 예정이다 → 이뤄져 가고 있다 → 이뤄지고 있다 → 이뤄졌습니다, 감사합니다"라고 말하면 이 순서대로 말에 의한 실현력이 점차 강해진다.

"이뤄지면 좋겠다", "이루고 싶다"는 말은 '아직 이루지는 못했다'는 메시지를 잠재의식에 보내는 작용을 한다. 단, "이뤘습니다"라고 과거완료형으로 말하는 것이 왠지 거짓말이라는 생각이 든다면 그냥 무난하게 "이뤄져가고 있다"는 선언부터 되뇌어 본다.

2. 긍정적으로 표현한다. 예컨대 "긴장하지 말고 말하자"가 아니라 "긴장을 풀고 당당하게 말하자"라는 식이다.

3. 처음에는 자신이 듣기에도 어색한 느낌이 드는 선언이 있을 수 있다. 하지만 이것도 마음을 담아서 선언하면 효과가 높아진다.

4. 긴 문장보다는 짧은 문장으로 된 메시지, 하루에도 몇 번씩 되뇌기 쉬운 말을 고른다.

어떠한 생각을 되풀이하여 명심하면 그것이 잠재의식에 아로새겨지고, 일단 이 상태에 도달하면 잠재의식의 신비로운 위력에 의하여 생각한 방향으로 기적이 일어납니다.

- 나폴레온 힐

자기 선언을 반복하면
꿈이 더 빨리 이뤄진다

 대표적인 자기 선언을 소개하겠습니다.

"나는 나 자신의 베스트프렌드다."

"실력(○○)이 점점 더 좋아지고 있다."

"모든 일이 다 잘되고 있다."

"나는 즐겁게 주고, 풍요롭게 받는다."

"내 안에는 사랑(풍요·행복·○○)이 넘쳐흐른다."

"나는 자석처럼 행운을(○○○○)을 끌어당기고 있다."

"나는 ○○의 달인(천재)이다."

"최고의 인생(○○)이다."

"지금 이대로의 내가 정말 좋다."

"내 꿈은 가장 알맞은 때에 실현된다."

"인생은 감동의 연속이다."

"내 주변은 기회로 넘쳐나고 있다."

"나는 현재의 위치에서 최고의 힘을 발휘한다."

"멋진 일들이 마구마구 쏟아지고 있다."

"나는 모든 꿈을 이루기 위한 시간, 에너지, 지혜와 돈을 충분히 가지고 있다."

"○○(구체적인 목표와 꿈)이 쉽게 이뤄진다."

"나는 중요한 20퍼센트에 집중하고 있다."

"나는 꼭 필요한 일은 바로 그 자리에서 실천한다."

"나는 항상 행복하고, 모든 것에 감사한다."

"나는 정말 운이 좋다."

"내게는 꼭 필요한 일밖에 일어나지 않는다."

자기 선언은 그야말로 무수합니다. 마음에 드는 것을 정해서 하루에 열 번, 아니 몇십 번이라도 되뇌어 보세요. 되뇌면 되뇔수록 몸과 마음에 힘이 솟고 인생에는 저절로 즐거움과 행운이 따라옵니다.

"꿈은 자신이 생각하는 대로 이루어진다", "사고는 현실화 된다"라는 말이 있습니다. 하지만 생각보다 더 큰 효과를 가지는 것이 말과 행동, 다시 말해,

"사람은 평소 자신이 말하는 대로 이뤄진다"

"사람은 행동(실천)한 대로 이뤄진다"

라고 할 수 있습니다. 우리는 3차원에서 살고 있으므로 현실적으로 행동하면 목적을 이루기가 더 쉬워집니다.

앞으로 자신은 더 현명하고 강하며 힘이 넘치고, 지금보다 더 훌륭할 것이라는 확신을 가지세요. 늘 긍정적 사고와 말로 마음을 열고 있어야 행운도 더 쉽게 다가옵니다.

지속적인 선택이 습관을 이룹니다. 그리고 그 습관이 앞으로 펼쳐질 당신의 미래를 결정합니다.

— 잭 캔필드

당신은 90일 만에
다시 태어난다

제 주변에는 짧은 선언문을 하루 몇십 번, 아니 몇백 번씩 되뇌는 사람이 많습니다. 그런데 이들은 하나같이 이 방법이 삶을 변화시키는 데 매우 효과적이라고 말합니다. 당신도 다음과 같이 자신만의 선언문을 만들어 집, 회사, 화장실, 수첩 등에 써붙여두고 수시로 되뇌어보세요.

"고마워. 고마워. 고마워(고맙습니다)."
"운 좋다. 운 좋다. 운 좋다."
"기쁘다, 즐겁다, 행복하다."
"행운이다, 다행이야, 감사해."

"모든 게 잘되고 있어."

이 선언문을 3개월 동안 하루 20회 이상 계속 소리 내어 외면 당신의 삶이 더욱 빛나게 될 것이라고 약속합니다.

우리 몸에 있는 60조 개의 세포 중 90퍼센트는 약 90일 만에 다시 태어난다고 하죠. 이는 90일이 지나면 당신의 몸이 재탄생된다는 뜻이기도 합니다. 이 90일 동안 보물지도와 자기 선언을 통해 당신의 내면을 변화시켜 보세요. 그 사이 당신의 삶을 방해했던 잘못된 신념들이 사라지면서 새로운 자신, 재충전된 자신, 원하는 자신이 될 수 있습니다. 그러다가 어느 순간 '꿈은 반드시 실현된다'는 확신이 서게 됩니다.

『물은 답을 알고 있다』를 쓴 에모토 마사루 박사의 연구에 따르면, 물도 감정이 있어 말을 알아듣는다고 합니다. 가령 물에게 "고마워"라고 했더니 마치 눈의 결정처럼 화사하게 피어나더라고 합니다. 우리 몸의 70퍼센트도 수분입니다. 따라서 우리도 90일 만에 전혀 다른 자신이 될 수 있습니다.

모두를 앞서는 방법은, 당연한 일을 당연하지 않은 정열로 해내는 것입니다.

― 레터맨

"감사합니다. 감사합니다. 감사합니다."

모든 게
다 잘될 거야

 비슷한 감정과 생각은 서로를 가까이 끌어당겨서 네트워크를 형성합니다.

일종의 연상 게임이라고 할까요. 즐거운 일을 생각하면 점차 즐거운 일들이 생겨나고, 반대로 불쾌한 일을 떠올리면 불쾌한 일들만 자꾸 부각되어 나타납니다.

자신이 무의식적으로 던진 말이나 생각이 바람직하지 않았다면 그 직후에 긍정적인 말로 바꿔서 사고의 방향을 전환시켜야 합니다.

보통 처음에 어떤 생각을 하느냐에 따라 다음에 올 생각이 정해져버립니다. 첫인상이 꼬리를 물고 고정된 사고를 이루기 전에 좋은 말로 상황을 개선시켜 보세요.

예컨대, '틀렸어!'라는 생각이 든다면, 곧바로 마음속으로 '결국엔 잘될 거야'라고 말하는 것입니다. '어려워'라고 생각했다가도 '아냐 간단해', '안 되면 어쩌지?'라고 생각했다가도 '잘될 거야, 난 할 수 있어'라고 말하고, '난 운이 없어'라고 생각했다가도 '아냐, 난 운이 좋아', '두려워'라고 생각했다가도 '이 스릴을 즐길 거야', '불황이라 안 될 거야' 하고 생각했다가도 '성공하는 사람도 많아. 모두가 불황이라고 여기는 지금이 기회야'라고 말해봅시다. 그러면 그 이유가 머릿속으로 들어오면서 마침내 생각한 대로 즐거운 경험을 하게 될 것입니다.

만약 이유가 전혀 떠오르지 않으면 어떻게 할까요? 그때는 당당하게 이렇게 말하십시오.

"하지만, 내가 그렇게 생각하니까!"라고.

웃자고 하는 얘기는 결코 아닙니다. 당신의 생각이 현실이 되어 나타나는 것은 분명하니까요. 하지만 대부분의 사람들은 그렇게 말하면서도 반대되는 이미지를 떠올립니다. 이른바 '노력 역전의 법칙'을 일으키는 것이지요.

자기최면의 권위자인 에밀 쿠에는 말합니다.

"말과 상상력이 싸우면 반드시 상상력이 이긴다. 만약 말과 상상력이 손을 잡게 되면, 그 힘은 단순히 합쳐지는 것이 아니라 상승효과를 일으킨다."

말과 이미지가 같은 방향으로 합쳐져도 대부분 그렇듯이 그것이 행동으로 이어지지 못하면 결과가 발생하지 않습니다. 혹은 결과가 나오기까지 시간이 걸립니다.

하지만 이 세 가지 힘이 합쳐지면 상승효과가 3배가 되고, 나아가 멋진 성과가 쉽게 나타나게 됩니다.

계속해서 입으로 되뇌는 일(자기 선언 외우기)
계속해서 생각하는 일(보물지도를 자주 바라보기)
계속해서 행동하는 일(실천하기)

보물지도와 자기 선언, 그리고 꿈을 향한 구체적인 행동을 통해 당신의 미래를 자유롭게 디자인하세요. 모든 열쇠를 쥐고 있는 사람은 당신입니다.

꿈을 이루는 것이 당신의 행복이라면 그 꿈은 반드시 이뤄집니다. 당신은 이미 그 꿈을 향해 다가가고 있습니다. 그 점을 인정했을 때 잠재의식은 당신에게 인정받은 사실이 기뻐서 자신감이 생기고, 나아가 내부에서 에너지를 끌어내어 당신을 이렇게 응원합니다.

"모든 일이 다 잘되고 있습니다."
"당신의 가능성은 매일 매순간 커지고 있습니다."
"오늘도 멋진 행운이 폭포수처럼 당신에게 쏟아집니다."

다짐은 길을 열어주는 출발점입니다. 잠재의식 속에서 다짐을 계속하면, 어떤 상황에서도 다짐한 대로 이룰 수 있습니다.

- 루이스 헤이

최상의 보물지도
배치 포인트

보물지도를 만들 때 목표를 어떤 순서나 모양으로 배치하면 좋은지 몇 가지 사례를 소개하겠습니다. 정해진 틀에 얽매일 필요는 없지만 어쨌거나 최종 목표에 해당하는 '가장 큰 꿈', '본질적인 꿈'은 눈에 제일 잘 띄게 하는 것이 중요합니다.

첫 번째, Z형 배치

우리는 평면적인 사물을 바라볼 때 시선을 좌상 → 우상 → 좌하 → 우하로 이동시키는 심리가 있다고 합니다. 이른바 'Z형'으로 시선을 옮기는 셈입니다. 역시 눈에 잘 띄게 하려면 가장 중요한 꿈을 왼쪽 상단에 배치하는 것이 좋겠지요. 이렇게 하면 최종 목표가 가장 먼저 눈에 들어와서 '최종 목표점'이 잠재의식에 더욱 강하게 각인될 것입니다.

두 번째, 시계열 배치

시간의 흐름에 따라 왼쪽(현재)에서 오른쪽(미래)으로 배치하는 방법도 있습니다.

세 번째, 시계방향 배치

보물지도를 시계라고 보고, 12시에서 시작해 시계(오른쪽) 방향으로 목표를 배치하는 방법입니다.

참고 삼아 세 가지 사례를 들었지만, 보물지도를 어떤 방식으로 꾸밀지는 자신의 직감을 믿고 각자 연구해보세요.

삶을 수동적으로 살기는 쉽습니다. 똑똑하고 운만 좋으면 방어만으로도 그럭저럭 지낼 수 있습니다. 하지만 승자는 될 수 없습니다.

― 스테판 M. 폴란

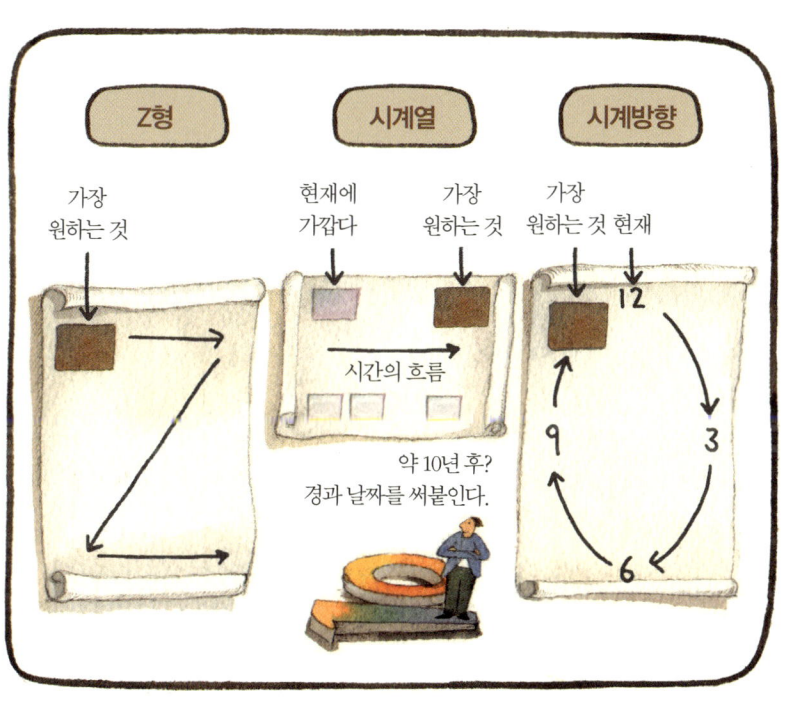

실현 가능성을
높이는 방법

 **인물사진은 얼굴만 자신으로 교체한다**

하와이에서 결혼식을 치른 오아마 도모코의 예에서도 보았듯이 인물 사진에서 얼굴만 자신으로 교체하는 것도 좋은 방법입니다.

저는 초기에 강연을 더 많이 하고 싶은 소망 때문에 화술학원의 팸플릿을 이용한 적 있는데, 그 학원의 캐치프레이즈가 '당신도 수백 명 앞에서 말할 수 있습니다!'라는 것이었습니다. 저는 커다란 홀에서 수백 명의 청중 앞에 서 있는 연설자의 얼굴을 제 얼굴로 교체했고, 1년이 지나자 강연과 강좌는 계속해서 늘더니 연간 150일 정도가 강연 스케줄로 꽉 찰 정도였습니다. 나중에는 수백 명의 청중을 상대로 하는 기업 연수까지 맡게 되었지요.

실현된 꿈은 잠시 그대로 놓아둔다

그런데 보물지도로 소망을 이루면 그 이미지나 사진은 어떻게 해야 하느냐는 질문도 많이 듣습니다.

그것을 금방 떼어내기보다는 '해냈다!', '달성', '완성', '멋지게 실현' 등의 글을 포스트잇에 써넣고 얼마간 장식해두세요.

그 글을 볼 때마다 성취감과 기쁨을 맛볼 수 있고, 보물지도가 마치 '당신의 꿈은 이제부터 더욱 거침없이 실현될 거야!'라고 응원과 격려의 메시지를 보내는 것처럼 느껴져서 다음 꿈에 도전하는 데 좋은 기폭제가 됩니다.

이후로 두 번째 꿈이 실현되었거나 꿈을 이룬 지 2~3주일이 지났다면 그 이미지를 떼어내어 스크랩 하는 사람도 있지만, 그냥 버려도 상관없습니다.

침실 천장에 붙여도 좋다

침실 천장에 모조지로 만든 보물지도를 붙이는 사례도 있습니다. 잠재의식의 특징상 긴장이 풀렸을 때 입력되기가 더욱 쉽다는 점에서 자나 깨나 꿈을 생각하게 되는 방식이지요. 또한 보물지도를 보면서 잠들기 때문에 행복한 꿈을 꿀 수 있다는 장점도 있습니다. 그랬을 때 잠재의식은 잠들지 않고 당신의 꿈과 관련된 정보를 계속해서 찾아다닙니다.

뿐만 아니라 다음날 아침에 일어나면 '오늘도 꿈을 이루기 위해 힘을 내야겠어!'라는 의지가 생겨서 상쾌하고 기분 좋게 일어날 수 있습니다.

이미 우리에게 주어져 있어서 그것을 원하는 것입니다. 즉 우리가 구하는 건강도 부도 무한한 생명도, 이미 당신 안에, 바로 여기에 모두 있습니다.

- 다니구치 마사하루

자기 선언이
미래를 만든다

 **특정 장소에 보물지도의 축소판을 붙인다**

다이어트를 할 때 냉장고 문에나 식탁, 혹은 옷장에 원하는 몸매의 모델 사진을 붙여놓는 게 도움이 된다고 합니다. 그 모델 얼굴을 자기 사진으로 교체하는 사람도 있다고 하죠. 그랬을 때 식사 때면 숟가락을 놓지 못하고 '한입만 더 먹어야지!' 하던 습관도 고쳐지고, 천천히 씹어서 포만감으로 음식량을 조절하기도 하고요. 그리고 어느 순간부터 이상적인 몸매가 되어가는 자신을 보며 행복감이 들면서 다이어트에 대한 자신감이 생깁니다. 보물지도 축소판을 만드는 것도 이와 같은 원리입니다.

자기 선언을 종이에 써서 보물지도에 붙인다

앞에서도 말했지만 시간이 갈수록 꿈을 빠른 속도로 이루는 사람이 있습니다. 기한보다 빨리 이루거나 스스로 상한선이라고 여겼던 목표를 훨씬 넘어서서 실현하는 사람도 생기지요. 그래서 저는 강연할 때 "현재를 기준으로 당신의 미래를 측정해서는 안 된다"는 말을 자주 합니다. 1년 후 아니 몇 개월 후 당신의 가능성은 훨씬 커질 것입니다.

그러니 가능한 한 보물지도 만들기 4단계에 다음과 같은 말을 보물지도에 써넣으세요.

"보물지도에 담은 꿈만이 아니라 그보다 훨씬 더 기쁘고 멋진 꿈들이 이루어졌습니다.

"제가 원하던 꿈보다 더 좋은 일들이 저와 가족 모두에게 일어났습니다. 감사합니다."

저처럼 위의 의미를 모두 담아서 짧게 '이뤄졌습니다. 감사합니다'라고만 써도 됩니다.

저는 성공을 기다릴 수가 없었습니다. 그래서 저는 그것을 향해 앞으로 나아갔습니다.
― 시드니 프리드만

휴대전화 바탕화면에 넣은 보물지도

 앞에서 말했던 기획자 인디애나 준은 이런 아이디어를 냈습니다.

"저는 보물지도를 휴대전화(오른쪽 사진)와 PC의 바탕화면에 넣었습니다. 자주자주 들여다보면서 습관화시키자는 생각에서요. 그랬더니 결과도 몇 배 빠르게 나타나더군요."

이 정보는 저에게는 발상의 전환, 그야말로 콜럼버스의 달걀과 같았습니다. 보물지도는 가능한 한 자주 보는 것이 중요하기 때문에 휴대전화의 바탕화면에 담아두는 것도 좋은 방법입니다.

당신은 하루에 몇 번이나 휴대전화를 보십니까? 저는 보물지도 축소판을 휴대전화 바탕화면에 넣고 나서는 적어도 2~3배는 더 보는 것 같아요. 무의식적으로 들여다 보는 때도 많고, 또 최근에는 걸으면서나 차에 타고 나서도 의식적으로 쳐다보곤 합니다.

그리고 친한 사람에게는 보물지도를 보여주면서 마치 이미 그 꿈이 실현된 것처럼 말하기도 합니다. 보는 횟수, 말하는 횟수가 늘어나면 결과와 성과 또한 확실하게 향상되어 나타납니다.

성공의 공식이 있다면 그것은 새롭고 진보된 것을 배우는 일, 새로운 정보를 재빨리 흡수하는 일, 그리고 좋은 인간관계를 유지하고, 함께 일할 능력을 갖는 일입니다.   - 샐리 라이드

추상적인 목표를
명확하게 나타내는 방법

꿈과 목표를 구체적인 이미지로 나타내기 어렵거나 혹은 열의가 잘 생기지 않는다면 어떻게 해야 할까요? 그때는 목표를 성과, 이익, 행동 등에 결부시켜서 좀 더 확장된 이미지로 나타내면 도움이 됩니다.

그런 다음 목표가 달성됐을 경우 자신에게 어떤 기쁨과 행복이 기다리고 있을지 상상해보는 겁니다. 당신이 목표를 달성했을 때 스스로에게 줄 상을 미리 정하고, 그것을 보물지도에 상징적 이미지로 붙여두는 것도 좋습니다.

가령 어떤 회사가 보물지도에 매출 목표를 수치로 적어서 직원들을 독려한다면 어떨까요? 보물지도에 쓰인 '매출 ○억

원'이라는 수치는 사장 외에는 별로 감흥이 오지 않습니다. 저희 회사에서도 매출 목표를 수치로 크게 적어놓긴 하지만 그와 아울러 목표를 달성할 때 전 사원이 함께 즐길 수 있는 이벤트를 기획하고 그 상도 보물지도에 기록해 둡니다.

실제로 높은 실적을 쌓은 사원들에게 해외여행을 보내주는 기업이 많아지고 있는데, 그 여행을 가급적 호화로운 여행이 될 수 있도록 기획하면 어떨까요? 여행을 떠올리는 것만으로도 모두들 열심히 일해야겠다는 마음이 저절로 생겨날 것입니다.

혼다 켄은 인생을 13분야로 세분화하고 있습니다(오른쪽 그림 참조). 그중의 9가지는 눈에 보이지 않는 분야, 형태로 만들기 어려운 분야입니다. 그런데 그 분야가 인생의 본질이 되는 사람이 많기 때문에 이렇게 형상화하기 어려운 목표는 좀 더 구체적인 상징으로 바꾸는 연구가 필요합니다.

당신이 일하는 것은 그것이 세상에서 가장 좋은 게임이기 때문이고, 즐거운 일을 하면서도 돈을 받을 수 있는 유일한 일이기 때문입니다.
— 마이클 코다

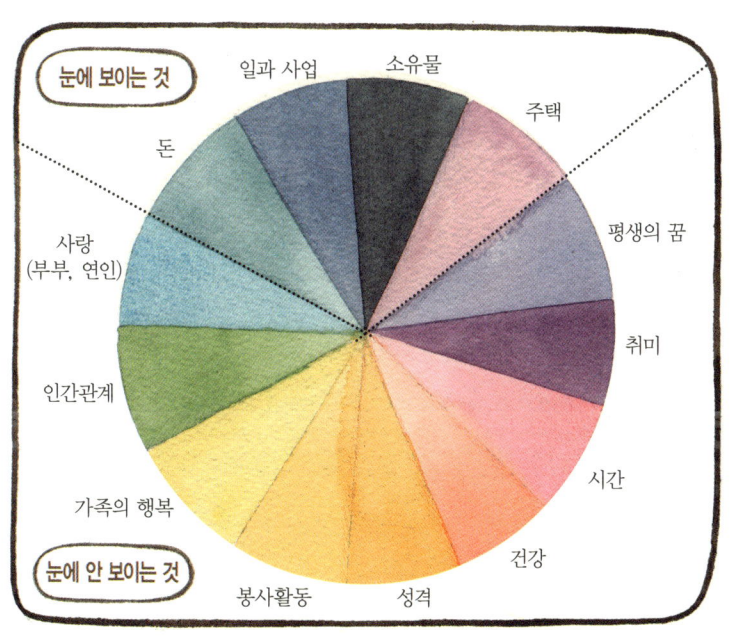

당신이 닮고 싶은
모델을 찾아라

"저는 ○○한 사람이 되고 싶어요. 어떻게 하면 좋을까요?" 이런 질문을 받을 때면 저는 말합니다.

"당신이 닮고 싶은 사람을 찾아 그 사람의 사진을 구하세요. 당신과 그 사람이 함께 찍은 사진이라면 더욱 좋습니다. 다음에는 그 사진을 보물지도에 붙이고 배우고 싶은 점을 철저하게 자신의 것으로 만드세요."

성공 법칙 중 하나로 '닮고 싶은 모델을 가능한 한 자주 만나 교류하라'는 내용이 있습니다. 저는 이 법칙을 폭넓게 활용해 왔고, 지금도 여전히 존경하는 사람을 자주 만나고 저의 롤모델로서도 꾸준히 연구하고 있습니다.

저는 한 사람에게서 뭔가 배우고자 할 때 그 사람에 관한 서적, 영상, 정보, 상품 등 손에 넣을 수 있는 모든 것을 모으고 연구해서 그의 정보통이 되어버립니다. 물론 걸으면서도 항상 그 사람의 강연 음성을 내려받아서 듣고 어디서든 그 사람이 쓴 책을 한시도 놓지 않지요.

또한 어떤 과제가 발생했거나 기회가 생겼거나 인간관계로 고민할 일이 생기면, 그 사람이라면 어떻게 생각하고 행동할지를 자문자답하고 행동합니다. 그런 일을 한 6개월쯤 계속하다 보면 어느새 모델로 삼은 사람의 장점을 흡수한 자신을 발견하게 됩니다.

지금 제 보물지도에는 마크 빅터 한센과 잭 캔필드의 사진이 붙어 있습니다. 저는 집필 활동을 전보다 열심히 하고 있고, 앞으로도 마음이 따뜻해지는 글, 사람들에게 용기를 심어주는 글을 계속 쓰고 싶기 때문입니다.

거기에 가장 적합한 것이 『영혼을 위한 닭고기 수프』와 같은 내용이었고, 저는 그들의 재능이 제게도 필요하다 느꼈습니다. 그래서 저는 사람들에게 용기를 주는 이야기를 매일 적어도 하나씩은 발견해서 쓰려고 계획하고 실천했더니 그와 관련된 화제가 여기 저기서 자연스럽게 모여들더군요.

요즘 저는 메일매거진 『꿈을 이루는 88가지 이야기』를 통해 그 정보들을 소개하고 있는데 다음 장에서는 그중 한 가지를 이야기하려 합니다.

부는 그것을 가진 사람의 것이 아니라 그것을 즐기는 사람의 것입니다.

- 벤자민 프랭클린

세계 대부호가 밝히는
성공의 비결

만약 당신이 세계 제일의 대부호를 만나 한 가지만 질문할 수 있다면 어떤 것을 묻겠습니까? 그것도 부모에게 유산을 상속받았다거나 굴지의 명문가에서 태어났다거나 어쩌다 자기 집 정원에서 석유가 나와 세계 제일의 대부호가 된 사람이 아니라 스스로의 힘으로 엄청난 성공을 거둔 사람이라면 말입니다.

한 신문기자가 대부호에게 이렇게 물었습니다.
"당신이 성공한 가장 큰 비결을 가르쳐주십시오."
그러자 그는 그 즉시 이렇게 대답했다고 합니다.

"성공 비결이라면, 큰 비전을 가지고 있었던 것뿐입니다."

이 사람이 바로 세계 제일의 대부호이자 누구보다 큰 성공을 거둔 사업가 빌 게이츠입니다.

그러므로 우리가 당장 해야 할 일, 꿈을 이루기 위해 먼저 준비해야 할 것은 무엇일까요? 큰 비전을 갖는 일입니다. "운명은 큰 뜻을 품은 자에게만 미소 짓는다."는 말이 있듯이 말이지요.

물론 빌 게이츠가 가졌던 큰 비전 역시 맨 처음에는 작은 바람에서 비롯되었을 수 있습니다. 하지만 바람이나 생각은 작게 시작해도 꿈이나 비전을 정할 때는 클수록 좋습니다. 꿈이 작으면 100퍼센트 이뤄져도 어차피 작은 꿈입니다. 물론 그것도 훌륭한 일이지요. 그렇지만 꿈이 크면 클수록 꿈을 이루려는 과정에서 자신의 가능성을 한껏 발휘하여 더 큰 것을 손에 넣게 됩니다.

자, 당신의 마음 속에는 어떤 커다란 꿈이 있습니까? 우선 그 꿈이 이뤄지는 순간을 상상하며 즐기십시오. 그리고 소중히 키워나가세요. 마치 당신 어머니께서 당신을 사랑으로 정성스럽게 키워주셨듯이 말입니다.

미국의 유명 영화배우 출신으로 캘리포니아 주지사의 자리에까지 오른 아놀드 슈왈츠제네거는 "꿈이 이뤄진다는 믿음이 자신의 소망을 이루는 열쇠"라고 말합니다.
　그는 어린 시절부터 원하면 뭐든 가질 수 있다고 믿었고 단 한 번도 그것을 의심한 적 없었습니다. 처음 '미스터 유니버스 대회'에 참가했을 때, 그는 우승한 것처럼 대회장을 걸어다녔습니다. 이미 마음속으로 수없이 우승 장면을 그려 왔기 때문에 그는 자신이 우승할 것을 알고 있었던 것입니다. 그리고 영화배우가 된 후에는 성공한 영화배우의 모습을 마음속으로 그렸습니다. 그는 자신의 꿈이 현실로 이뤄질 것임을 알고 있었다고 말합니다.

　또 다른 예로 『해리 포터』의 저자 J. K. 롤링은 남편과 이혼한 뒤 어린 딸의 감기약조차 살 수 없을 정도로 생활고에 시달렸다고 합니다. 하지만 그녀는 좌절하지 않고 자신이 믿는 길을 향해 걸어나아갔습니다. 그리고 마침내 1억 6,000만 부라는 공전의 베스트셀러를 기록한 작가가 되었습니다. 예전에 단 한 권의 책도 낸 적 없던 그녀가 열정 하나로 세계적인 베스트셀러 『해리 포터』를 탄생시킨 것입니다. 불과 1,000만 분의 1의 확률로 말입니다. 자기 안에 있는 가능성을 자신이 믿지 않으면 누가 당신을 믿을 수 있겠습니까?

1년 후, 10년 후 누군가가 당신에게 "성공 비결은 무엇입니까?"라고 물었을 때 뭐라고 대답하겠습니까? 저라면 이렇게 대답하겠습니다.

"큰 비전을 가졌을 뿐입니다!"
"나 자신의 가능성을 믿었을 뿐입니다."
"그리고 행동했을 뿐입니다."

목표설정, 계획, 그리고 꿈은 멋집니다. 하지만 그것을 실현하기 위해 행동하지 않는다면, 그것은 여전히 목표이자, 계획이며, 한낱 하룻밤의 꿈으로 남게 될 것입니다. - 데브라 벤튼

실현 확률을 높이는
작은 골자

 보물지도를 만들고 나면 꿈이 이루어질 확률은 몇 퍼센트나 되는지 묻는 사람들이 있습니다.

물론 꿈의 크기와 스스로에 대한 '믿음과 열정'에 따라 확률이 달라지는 건 분명합니다. 그래도 굳이 수치로 말해달라고 한다면 저는 30~40퍼센트는 당연하고 70~80퍼센트도 충분히 가능하다고 감히 말할 수 있습니다. 자신감도 없었지만 돈과 인맥도 없었던 10여 년 전부터 쭉 말입니다. 뒤늦게 이룬 것까지 포함하면 제가 보물지도에 담은 꿈 실현률은 거의 100퍼센트에 가깝습니다.

그렇다고 제가 특별한 사람이냐 하면 당신도 이미 아시다시피 전혀 그렇지 않습니다. 당신도 70~80퍼센트 정도는 충분히 가능합니다. 아니, 그 정도는 당연하다고 생각해도 됩니다. 다만 그렇게 되기까지 약간의 기술이 필요합니다.

그중 하나가 '작은 일에도 자신을 자주 칭찬하며 상을 주는 것'입니다.

보물지도를 통해 계속해서 성과를 올리고 목표를 달성하는 사람들은 어떤 이들일까요? 그들은 특별한 능력을 가지고 있기보다는 성과를 자주 확인하고 언제나 스스로를 칭찬하는 경향이 많습니다. 작은 성과라 할지라도 스스로를 인정하고 성취감을 자주 맛보면서 그들의 의욕과 열정은 오래 지속되고 자신감은 점차 삶의 여유와 확신으로 바뀝니다. 그러다가 마침내 큰일을 해내는 것이지요.

켄 블랜차드는 말합니다.

"목표가 행동을 촉진하고, 성과가 행동을 지속시킨다."

실제로 목표를 향해 한 걸음 내디딘 일, 정보와 힌트가 모여든 일, 우연의 일치가 일어난 일, 지원자가 늘어난 일 등을 모두 훌륭한 성과로 보고 스스로를 칭찬할 필요가 있습니다.

그러나 목표가 아직 다 이뤄지지 않았다고 해도 실망할 필요는 전혀 없습니다.

당신이 뭔가에 도전했다는 사실은 분명히 인정해야 합니다. 가령 목표의 50퍼센트밖에 이루지 못했다고 합시다. 그래도 만약 목표마저 없었다면 채 20퍼센트도 이루지 못했을 수 있습니다. 당신은 도전하는 가운데 능력이 향상되고, 경험도 쌓게 되며, 도전하는 당신의 모습을 보며 자연스럽게 응원자들이 생겨나기도 합니다.

두 눈 부릅뜨고 100퍼센트 성취만 쫓아가다 보면 조금만 길을 잘못 들어서도 쉽게 자신이 부족하다는 생각, 가치 없는 사람이라는 생각에 빠져들 수 있습니다. 어떤 목표든 실현되는 과정에서의 실수나 실패 경험은 있게 마련입니다. 스스로를 주기적으로 칭찬하며 자신감을 충전해놓으세요. 그래야 기회가 왔을 때 망설임 없이 낚아챌 수 있습니다.

과정과 목표는 항상 함께합니다. 인간은 어차피 완성되는 것도, 궁극적인 목표에 도달하는 것도 아닙니다. 인생은 시시각각 변화하고 성장하는 것입니다.

− 웨인 W. 다이어

좋아하는 일을 하면
성공한다

 흔히 좋아하는 일을 하면 성공할 가능성이 높다고들 말합니다. 적어도 자신이 좋아하는 일을 했을 때 제 능력을 발휘하기가 훨씬 쉬워지는 것은 사실이니까요.

그러나 좋아하는 일을 한다고 해서 반드시 성공한다고 단언할 수는 없습니다. 그것만으로 경제적으로 어려움 없이 살 수 있다고 단정지을 수도 없습니다. 하지만 좋아하는 환경 안에 있고, 모델로 삼은 사람과 닮아갈수록 뜻밖의 지원자나 응원자가 생기는 경우가 종종 있습니다.

예컨대 당신이 심리 카운슬러나 코치가 되고 싶어서 그 분야의 전문가 양성 학원에 다닌다고 합시다. 거기에는 이미 경험이 풍부하고 심리학에 조예가 깊은 사람들, 화술과 대인관계에 남다른 능력을 가진 수강생들도 있습니다. 그들과 비교하다 보면 자신의 이력과 능력에 그만 자신감을 잃을 수도 있겠지요. 심지어 카운슬링 능력이 탁월하고, 지식도 많으며, 게다가 인맥이 많고 운도 좋아 보이는 사람에 비하면 자신은 결코 성공할 수 없을 것처럼 보입니다. 유독 경쟁이 심하고 인기가 많은 분야에서는 더더욱 그렇습니다.

그러나 당장은 멋진 이력도 조건도 갖추지 못했더라도 자신이 좋아하는 일을 포기하지 않고 꾸준히 하다 보면 멋진 기회, 일, 인맥, 친구가 생길 확률이 높아집니다. 좋아하는 일을 하기 때문에 좋아하지 않는 일을 할 때보다 훨씬 더 얼굴에서 빛이 나고, 열정을 가지고 노력하게 되며, 아이디어도 솟구칩니다.

또 여러 가지 좋은 정보들이 들어옵니다. 생기 넘치고 활기차게 사는 사람과 심드렁하고 재미없는 표정으로 사는 사람 간에는 들어오는 정보의 가치도 다릅니다. 같은 정보가 들어와도 각자의 아이디어에 따라 결과에 큰 차이가 생깁니다.

자나 깨나 그 일만 생각해도 즐겁고 몸과 머리가 알아서 답을 찾아 이리저리 움직이게 됩니다. 이것이 바로 좋아하는 일을 하며 살 때 주어지는 보상입니다.

그렇다면 어떻게 해야 좋아하는 일을 하며 즐겁게 살면서 성공까지 거머쥘 수 있을까요?

그 꿈을 이룬 사람 중에 하라무라 가즈코라는 여성이 있습니다. 그녀는 10년 전, 보물지도 강좌를 들은 뒤부터 업무 능력 향상, 이상적인 결혼, 자신만의 멋진 집 장만 등 계속해서 꿈을 이뤄나갔습니다. 육아도 일단락될 즈음 자신이 평생 할 일이 무엇인지를 찾고 그 일을 하며 살겠다고 결심했습니다. 그리고 마침내 그녀는 바쁜 가운데서도 코칭에 보물지도 기법을 접목시킨 강의 프로그램을 완성시켜 일본 전국을 누비며 강사로서 멋지게 활약하고 있습니다.

그녀처럼 자신이 좋아하는 분야에서 사업을 하거나 일하면 좋겠다는 사람들이 많습니다. 그러나 한편으로는 재능이 있거나 특별히 운 좋은 사람이 아니면 그런 선택을 할 기회조차 없다는 생각들을 많이 합니다.

그 선택의 폭을 넓히는 방법을 지금부터 소개하겠습니다. 제 친구이자 『행복한 작은 부자』 시리즈로 유명한 저자 혼다 켄이 평소 자주 하는 말입니다.

이름 하여 '일'의 10가지 모델입니다.

1. 좋아하는 일을 한다.
2. 좋아하는 일을 쓴다.
3. 좋아하는 일을 남에게 말한다.
4. 좋아하는 일을 상품으로 삼는다.
5. 좋아하는 것을 판다.
6. 좋아하는 일을 확장시킨다.
7. 좋아하는 일을 가르친다.
8. 좋아하는 일을 조합한다.
9. 좋아하는 일을 감독한다.
10. 좋아하는 일을 하는 사람에게 서비스를 제공한다.

이 10가지의 '일의 모델' 개념을 활용하면 당신이 좋아하는 일을 하며 살 가능성이 훨씬 커집니다.

아무런 행동도 하지 않는데 보물지도만 만들었다고 해서 모든 일이 잘 풀릴 수는 없습니다. 당신이 도전하고자 하는 분야의 기술을 배우고 능력을 향상시키는 일도 분명히 필요합니다. 아울러 자신을 선전하는 능력 역시 당연히 필요합니다.

그 부분까지 이 책에서 다 설명할 수는 없지만, 보물지도는 당신에게 필요한 정보를 제대로 얻을 수 있는 놀라운 아이디어 역할을 해줄 것입니다.

어떤 일이든 가장 좋은 부분에 주목하는 습관을 가지게 되면, 1년 후엔 거기에 천 파운드 이상의 가치가 붙습니다.

– 사무엘 존슨

인생에 불필요한 일이란 없다!

저는 지금까지 제가 좋아하는 일에 도전하면서 몇 번이나 심한 좌절을 경험했고, 그 상황은 누가 보기에도 포기하는 게 나아 보일 만큼 혹독했습니다. 그러나 저는 결코 포기할 수 없었습니다. 탁월한 재능을 가지고도 결국 좌절하고 마는 수많은 사람들을 보면서도 말이지요.

그 당시 저는 자기계발과 심신 치유에 관한 강연자로 멋지게 활약하고 싶다는 소망을 갖고 있었습니다. 그 과정에서 생계를 유지하기 위해 온갖 일을 했습니다. 제가 모델로 삼은 스승을 프로듀스했고, 그 사람에 관한 글을 쓰고, 말하고, 알리는 일을 했습니다. 게다가 상품도 판매했습니다. 앞에서 언급

했던 혼다 켄이 말하는 모델 10가지를 모두 경험한 셈입니다. 그러자 점차 제가 좋아하는 일을 할 기회, 강사로서 강단에 설 기회가 늘어났고, 지금까지 했던 일들 모두가 제가 즐겁게 일하는 데 큰 도움이 되었습니다.

지금은 사업 규모가 커지고 수강생도 늘어서 혼자서는 도저히 강의를 도맡을 수 없을 정도가 되었습니다. 그래서 저는 회사 형태를 갖춰 강사를 양성하고 확대시키는 일에 에너지를 쏟고 있습니다. 아울러 지금은 '좋아하는 일을 글로 쓰는 것'과 능력은 뛰어나지만 그늘에 묻혀 있는 인재를 발굴하는 일에도 발 벗고 나서고 있지요. 물론 여기에는 10개의 모델을 직접 경험한 일이 큰 밑받침이 되었습니다.

저는 지금까지 인생을 살면서 불필요한 일이라곤 결코 없었다는 것을 깨달았습니다. 자신이 해야 할 일을 열심히, 그리고 늘 탐구하는 자세로 살아간다면 말입니다.

사람은 태어나면서부터 빛이 나는 존재입니다. 당신이 지금 어디에 있든, 무엇을 하든, 어떤 상황에 처해 있든, 당신은 항상 빛과 함께 있습니다. 사랑 속에 있습니다.

당신 눈앞에 있는 사람도 마찬가지입니다. 누구 한 사람 빛

에서 멀어져 있는 사람은 없습니다. 빛인 것이 빛 이외의 본질이 될 수는 없습니다.

   살다 보면 때때로 인생의 그림자가 짙게 드리울 때도 있지만 그것은 오히려 빛을 더욱더 아름답고 눈부시게 하는 일임을 결코 잊어서는 안됩니다.

실패는 성공으로 가는 길에서 잠깐 쉬어가는 일입니다.

- 제리 길리아스

자신감과 행운을 부르는
보물지도 만들기

"꿈을 이룰 자신이 없어요"라고 말하는 사람이 있습니다. 그러면 저는 그 사람에게, "자신감과 행운을 부르는 보물지도를 만들어보세요!"라고 권합니다. "과거에 성공했던 일이나 기뻤던 일, 행복하다고 느꼈던 일, 운이 좋았던 일, 긍지로 여기는 일을 생각나는 대로 쓰고, 그중 베스트 10을 보물지도로 꾸며보세요"라는 말도 덧붙입니다.

아주 작은 일이라도 상관없습니다. '그 일 덕분에 조금이나마 내 생활이 나아졌어', '그 책에서 감동을 받았었지', '그 사람의 한마디가 내게 힘이 되었어'와 같은 것도 괜찮습니다.

저는 행복한 부자들이나 성공한 사람들의 회사나 집에 가

볼 기회가 종종 있었습니다. 그곳에 가면 예외 없이 그 사람과 그 회사가 지금까지 이룬 놀라운 성과들이 장식되어 있는 걸 보게 됩니다. 가령 여러 개의 트로피, 표창장, 가족여행 때의 행복한 사진, 집안의 가보, 취미, 신문이나 잡지 등에서 취재해 간 기사들, 고객과 친구에게서 받은 감동·감사의 편지와 엽서 같은 것들입니다. 저는 그 공간에 있는 것만으로도 저절로 긍정 에너지를 받는 느낌이 듭니다.

당신도 용기와 힘, 행운이 밀려들 것 같은 에너지에 둘러싸이고 싶지 않으십니까? 그렇다면 당신이 행복감을 느낄 수 있는 물건을 하나라도 늘려서 그것을 눈에 자주 띄는 곳에 놓아두세요.

저는 이 원고를 집에서 PC로 작성하고 있습니다. 지금까지 제가 쓰거나 감수했던 10여 권의 책에서 나오는 긍정적인 메시지가 저를 둘러싸고 있습니다. '반드시 멋진 작품이 될 거야, 기대해!'라고 하면서요. 저는 그 좋은 에너지가 당신에게도 분명히 전달되리라고 믿습니다.

저는 집이 가난했기 때문에, 학력이 없었기 때문에, 그리고 몸이 약했기 때문에 성공했습니다. — 마츠시타 고노스케

슬럼프에서
곧바로 빠져나오는 방법

 의욕만 있으면 지금 당장 할 수 있는 '자신감과 행운을 부르는 보물지도' 만드는 법을 설명하겠습니다.

지금부터 말하는 리스트를 단 한 가지라도 종이에 적어 책상 앞에 붙여두세요. 이것은 아직 보물지도라고는 말할 수 없을지 모르지만 당신에게 힘을 불어넣어줄 것입니다.

첫 번째는 '기적 리스트'입니다. 지금까지 경험한 일들 중에서 매우 놀랍고 멋졌던 일들을 나열해보세요.

두 번째 '지원 리스트'는 당신의 행복을 기원해주는 사람, 응원해주는 사람, 호의를 보여주는 사람, 당신이 성공하는 데

보탬을 준 사람을 적어봅니다. 당신이 일을 하고 있다면 당신의 성공 자체가 바로 손님, 거래처, 회사에 공헌하는 일이 됩니다.

그 외에도 '감사 리스트', '달성 리스트', '힘을 북돋우는 리스트' 등이 있습니다. 이 리스트들이 어느 정도 완성되면 그중에서 베스트 10을 선택해 보물지도를 만들어봅시다.

'생각이 안 나는데……'

그래도 괜찮습니다. 생각이 안 나는 것은 단지 그런 사고가 익숙하지 않아서일 뿐입니다. 당신이 지금 이 책을 읽고 있는 것도 너무나 많은 사람의 응원과 사랑이 있어서 가능한 일입니다. 당장은 백지 상태로 두어도 됩니다. 잠재의식이 당신에게 그 해답을 자연스럽게 찾아줍니다.

보물지도를 항상 가까이 두고 보면 자신이 하루하루 더 자랑스러워집니다. 당신도 자신이 최고였을 때를 상상하고 보물지도로 재현해보세요. 보물지도를 만들어놓으면 언제든 힘이 솟는 것을 느끼게 될 것입니다.

1대에서 부를 쌓아올린 억만장자는 평균 3.2번 파산, 혹은 파산 직전의 상태를 경험하고 있습니다. － 브라이언 트레이시

"매순간 나는 꿈을 향해 나아갑니다.
꿈을 사랑합니다.
꿈에 대한 나의 열정과 도전을 사랑합니다."

목표를 잊지 않기 위해서
성공일기를 써라

한때 간절한 바람으로 세웠던 꿈도 목표도 시간이 지나다 보면 쉽게 잊어버리고 사는 게 대부분입니다. 그래서 보물지도를 보면서 하루에도 몇 번씩 목표를 떠올리고, 자신이 그 목표를 향해 나아가고 있음을 확인하고 격려해 주어야 합니다.

보물지도가 목표를 잊지 않도록 가까이서 용기를 북돋워주는 역할을 해주지만, 더불어서 자신이 조금이라도 향상되었다고 느꼈을 때 그것을 일기에 적는 방법도 추천합니다. 저는 이것을 '성공일기'라고 부릅니다.

예를 들어 '2022년 10월까지 출퇴근 1시간 이내의 한적한 주택가에 2층 집을 짓는 것'이 목표일 경우 다음과 같이 기록합니다.

3월 15일 : '보물지도'를 만들었다. 가슴이 뛴다. 반드시 이뤄질 것 같다.

3월 16일 : 오늘은 왠지 신문에 끼워진 주택 광고지가 눈에 들어왔다.

3월 17일 : 집에 오면서 본 하얀색 서양식 주택이 매우 마음에 들었다. 정말로 그런 집을 갖고 싶다. 다음엔 사진을 찍어둬야겠다.

3월 18일 : H와 저녁 식사를 했다. 항상 디저트를 먹는데 오늘은 다이어트를 위해 먹지 않았다. 그래서 2만 원을 절약할 수 있었다. 그 돈을 저금통에 넣었다. 앞으로는 매일 오백 원씩이라도 저금통에 넣어야겠다.

3월 19일 : 『행복한 작은 부자의 8가지 스텝』(혼다 켄 저) 제1장을 읽었다. 흥미로웠다. 나도 할 수 있을까? 어쨌든 믿고 실천해야겠다.

3월 20일 : 서점에서 주택 잡지를 보았다.

3월 21일 : 휴일을 이용해 예전에 점찍어뒀던 집으로 가서 사진을 찍었다. 즉시 촬영한 사진을 인화해 보물지도에 붙였다. 기분이 정말 좋다.

이렇게 사소한 일이라도 상관없습니다. 당신이 목표를 향해 한 걸음이라도 다가갔다고 생각한다면 그것을 자유롭게 쓰세요. 매일 써도 좋지만 생각날 때마다 써도 됩니다.

목표에 열중한다는 것은 자유로운 어린이, 호기심으로 가득 찬 소년, 자애로운 부모와 미래의 자신을 하나로 통합하는 일입니다.

- 라자리스(잭 파셀)

당신의 인생을 결정짓는 미래일기

제가 주관하는 세미나에서는 보물지도를 만든 다음 소망이 다 이뤄졌다고 가정하고 소망을 이루기까지 겪은 일들을 대중 앞에서 약 3분 간 말하는 시간을 갖습니다. 이야기가 끝나면 그곳에 있던 참석자들이 "축하합니다", "드디어 해내셨군요", "감동했습니다" 하며 축하의 박수를 쳐줍니다. 그런데 이때의 상황을 동영상으로 촬영하거나 녹음한 후 반복해서 보고 들으며 이미지트레이닝을 하는 사람도 있습니다.

그때 박수소리를 들으면 뿌듯한 기분이 들면서 '해냈다!'는 성취감을 느끼게 되는데, 저 역시 강연할 때 미래에 이뤄질 일을 상상하며 말하는 경우가 있습니다. 그러고 나면 꼭 해내야겠다는 생각이 자연스레 들고, 신기하게도 그것들이 실현된 예가 몇 가지나 됩니다.

하지만 굳이 보물지도 세미나에 참가하지 않더라도, 당신이 꿈을 실현한 미래의 장면을 상상하면서 일기(218쪽 참조)를 쓰는 것도 좋은 방법입니다. 보물지도와 함께하면 효과가 배가 됩니다. 처음에는 단 몇 줄만 적어도 괜찮으니, 문장이 어느 정도 완성되면 휴대전화에 녹음해서 들어보세요.

앞에서 말했듯이 중요한 것은 문장 형태를 미래형이 아닌 현재형, 혹은 일기처럼 과거형, 과거완료형으로 하는 것입니다. 예를 들면 '○년 전에 가졌던 꿈이 드디어 오늘 실현되었습니다. 지원해 주신 ○○○ 씨께 정말 감사드립니다'라고 표현하면서 그때의 감동스런 장면을 자유롭게 상상하면 됩니다.

잠재의식에서는 '상상=창조'입니다. 잠재의식은 상상과 현실을 구별하지 못합니다. 미래의 당신은 당신이 상상한 시나리오대로 멋지게 살게 되는 날이 올 것입니다.

꿈과 목표가 이뤄진 광경을 수시로 상상하며 성취감과 행복감을 느껴보세요. 잠재의식의 힘이 당신의 상상을 현실로 바꿔놓을 것입니다.
- 조셉 머피

"저는 지금 꿈꾸던 집에 살고 있습니다.
한 나라의 왕이 된 것처럼 뿌듯하고 행복합니다."

꼭 그렇게 될 거예요!

이미지트레이닝으로
금메달을 딴 마라토너

'미래일기'만큼이나 효과적인 방법으로 보물지도를 이용한 이미지트레이닝이 있습니다. 눈을 감고 심호흡으로 긴장을 푼 다음, 보물지도에 담은 소망들이 모두 실현된 장면을 상상하면서 미래의 당신을 만나 벅찬 감동을 실제처럼 느끼는 훈련입니다.

이때 상상 속의 친구와 동료들은 웃는 얼굴로 당신을 맞이합니다. 기쁨과 감동, 감사하는 마음을 깊이 맛보세요. 사실처럼 느끼면 느낄수록, 마음속으로 영상을 떠올리는 그 지점에 가면 갈수록, 반복되면 반복될수록 당신의 내비게이션 시스템, 즉 잠재의식은 멋지게 작동을 시작합니다. 단지 상상일 뿐인데도 그것을 현실로 간주하고 당신을 그 지점까지 인도하지요. 의욕과 열정, 자신감이 높아지고, 당신은 꿈을 향해 현실적으로 나아갈 수 있도록 행동하게 됩니다.

설사 실패하거나 잠깐 길을 벗어나더라도, 이미지트레이닝은 행동을 변화시키고 연구해서 목적지에 도착하도록 끈기 있게 이끌어줍니다. 또한 같은 실패를 반복하면서 기운을 잃을 위험도 피할 수 있습니다. 힌트와 아이디어와 우연의 일치가 점점 더 많이 생겨나고, 새로운 방법과 기회도 더 많이 나타납니다. 바로 이것이 잠재의식의 작용이자 잠재의식을 조종하는 방법입니다.

중요한 것은 자신의 꿈이 이뤄진 순간으로 가서 '행복한 기분과 감정을 미리 거듭해서 맛보는 것'입니다. 그 감정은 당신을 더욱더 확고하게 이끌게 될 것입니다. 앞으로 기쁨과 행복으로 넘치게 될 자신을 느끼고, 감사하는 마음으로 오늘을 살아가세요.

"다카하시가 평소처럼 잘 달릴 수 있을까? 물론 강적은 많다. 그 가운데 맨 앞에서 경기장 트랙을 달려오는 사람은 누구인가? 내 눈에는 확실하게 그 모습이 보인다. 내가 몇 번이나 상상한 광경 속에 선명하게 보이는 모습은 물론 그녀, 다카하시 나오코의 환히 웃는 얼굴이다."

"스타트에서 내리막길을 단숨에 달려간 후, 이번에는 코스가 오르막길로 바뀐다. 서서히 선두 집단이 형성된다. 다카하시는 분명히 그 안에 들어 있다. 20킬로미터 지점. 선두 집단이 나뉘지기 시작한다. 다카하시를 비롯한 세 명이 경합하고 있다. 30킬로미터 지점이 되자, 한 사람이 탈락하고 두 명만이 겨루게 되었다. 상대는 케냐의 테구라 로르페다. 경쟁은 35킬로미터 정도까지 이어진다.

이상하게도 다카하시의 힘은 떨어지지 않는다. 힘든 시기를 지나자 발이 점점 더 앞으로 나아간다. 표정은 거의 변함이 없다. 그리고 로르페와는 50미터 정도의 거리를 두고 마라톤 게이트로 들어온다. 그녀는 골인 테이프를 끊고 스탠드를 가득 메운 몇만 명의 관중에게 '감사합니다!'라고 말하며 손을 흔든다.

우리는 매일 지금 기록한 것과 같은 이미지를 머릿속에 그리면서 연습을 거듭해왔다. 승리에는 방정식이 있으며, 올바른 이미지트레이닝은 매우 중요하다."

이 이야기 속의 주인공은 2000년 시드니 올림픽 금메달리스트 다카하시 나오코 선수와 고이데 요시오 감독입니다. 두 사람은 환하게 웃는 얼굴로 "고맙습니다"라고 인사하면서 손을 흔드는 광경을 몇 개월 전부터 계속해서 상상해왔다고 합니다. 그리고 마침내 우리는 놀랍게도 거의 똑같은 정경을 TV 앞에서 볼 수 있었습니다.

머릿속에 떠올린 생생한 영상은 정말 멋진 결과를 이끌어냅니다. 당신도 이처럼 당신의 꿈이 달성되는 장면을 이미지 트레이닝으로 떠올려보세요.

만약 당신이 뭔가를 갖고 싶고 이루고 싶다면 그것이 어디서든, 누구에게서든 마음껏 올 수 있게 마음을 열고 있어야 합니다. 내일의 자신은 지금보다 더 현명하고, 강하고, 힘이 넘칠 것입니다. 앞으로 그것이 무엇이든 오늘 가진 것보다 훌륭해질 거라고 믿으세요. 긍정적인 신념만 가지고 있다면 어떤 어려움도 너끈히 극복해낼 수 있습니다.

행복해지는 일이 인생의 유일한 목적입니다. 그리고 하루 몇 번 미소 짓느냐가 인생의 유일한 척도입니다.   - 스티브 워즈니악

인생의 중요한 일을
미루고 있지는 않습니까?

마음이 끌리는 일이 생기면 무엇이든 곧바로 시작하세요. 엄청나게 흥미롭지 않아도 괜찮습니다. 이것이 보물지도의 첫걸음입니다. 다만 어느 정도 시도하고 나면 보물지도를 당신 인생의 가장 중요한 주제를 탐구하는 도구로 사용하세요.

'80 대 20의 법칙'은 '결과와 보수의 80퍼센트는 그것을 살려내고자 하는 20퍼센트의 원인, 노력, 시간 등에 의해 탄생된다'는 의미입니다. 달리 말하면 '목표가 명확하지 않으면 80퍼센트의 노력은 거의 보답으로 돌아오지 않는다. 80퍼센트의 시간은 그냥 재미없는 일로 사라진다. 그러니 20퍼센트의 중요한 일에 초점을 맞추라'는 이야기입니다.

이 말은 바쁘게 사는 우리에게 특히 중요한 의미를 담고 있다고 생각합니다. 저를 포함한 많은 사람들이 별로 중요하지 않은 일 혹은 인생의 본질이나 의미와는 별로 관계없는 일에 휘둘려 왔습니다. 그래서 중요한 20퍼센트를 아직 시작하지도 못하고 삽니다.

보물지도를 만드는 일이 당신의 꿈을 실현함과 동시에 당신에게 가장 중요한 것을 찾는 계기가 되기 바랍니다. 그리고 중요한 것을 찾게 되면 그것을 보물지도에 꼭 담기 바랍니다.

사는 게 힘들고 고달플수록 우리에게는 보물지도가 꼭 필요합니다.

보물지도는 꿈을 향해 도전하는 사람에게 꼭 필요합니다. 꿈을 향해 도전하는 사람은 넘치는 생기와 활력으로 주변 사람에게 용기와 희망을 안겨줍니다. 그래서 그 용기와 희망의 고리는 당신을 중심으로 자연스럽게 넓어집니다. 아무리 큰 사업도, 큰 개혁도, 처음에는 한 사람의 꿈에서 비롯됩니다. 그 꿈이 많은 사람의 마음을 흔들고 움직여서 마침내 큰 발전을 이루는 것이지요.

당신이 마음속에 분명하게 떠올리는 일은 당신을 통해서

실현될 것이라는 약속을 받은 것과 같습니다.

꿈을 떠올리세요. 그리고 과감하게 도전하세요. 당신에게 필요한 것은 그 사이에 전부 주어질 것입니다.

원하는 것을 얻고 싶다면 우선 당신에게 그럴 자격이 있다고 믿으세요. 스스로의 가치에 대한 믿음을 키우는 방법은 '부탁할 것은 부탁하고 요구할 것은 요구하는 것'입니다.

- 앤드류 매튜스

에필로그

마지막까지 읽어주신 독자 여러분께 진심으로 감사하다는 말씀을 전하고 싶습니다. 이 책은 앞으로 매력적인 꿈을 이루기 위해, 행복한 마음으로 자신에게 주어진 기회를 최대한으로 활용해나가고자 하는, 바로 당신을 위한 책입니다. 그리고 사실 이 책은 두 사람을 상상하며 썼습니다. 그것은 10년 전쯤의 저와 아내입니다.

제가 보물지도를 처음 알고 난 뒤에 친구들끼리 뭉쳐서 강사로 활동했던 스터디 그룹이 있었습니다. 그 속에서 저희는 '현재의 내가 미래의 자신에게서 메시지를 받는 실습'을 한 적이 있습니다. 말하자면 좀 전에 소개한 미래일기나 이미지트레이닝과 같은 실습이지요.

그 무렵의 저는 인생에서 누구보다 자기이미지가 낮았고 자신감도 바닥인 상태였습니다. 그래서 저는 10년 후의 저에게서 오는 메시지를 이렇게 상상했습니다.

"지금도 충분히 잘하고 있어. 꿈을 포기하지 마. 지금은 힘들겠지만 분명히 멋진 공부가 될 거야. 그리고 마침내는 반드시 네가 생각한 대로 이뤄질 거야."

그 순간 '이 정도 가지고 꺾일 순 없어!' 하는 다짐과 함께 새로운 용기가 생겼습니다.

그 후 아내를 만났는데 당시에도 경제적으로 힘든 시기였습니다. 하지만 저는 여전히 미래의 제가 보내는 메시지를 계속 상상했고 '앞으로는 좋은 일만 계속될 거야!'라는 소리를 들었습니다. 그때마다 저는 용기를 받았고, 보물지도도 침실 겸 거실 벽에 항상 붙여놓았습니다.

현재 저는 10년쯤 전의 두 사람을 다시 만난다면 어떤 메시지를 전할까 생각하면서 PC 앞에 앉아 있습니다.

당신에게도 3년 후, 5년 후, 10년 후의 미래에서 보내온 응원 메시지가 보물지도를 통해 전달될 것입니다.

"괜찮아, 괜찮아, 모든 게 다 잘되고 있어. 반드시, 반드시, 잘될 거야"라고 말입니다.

실습

당신의 운명을 만드는
미래일기

빈칸에 답을 쓰고 나서 그 답을 토대로 미래일기의 시나리오를 작성하면 됩니다. 글 솜씨가 꼭 좋아야 할 필요도 없고, 처음부터 멋지고 길게 쓸 필요도 없습니다. 간단히 세 줄 정도도 상관없으니 일단 먼저 적어보세요.

● 당신이 이루고 싶은 꿈은?

● 그 꿈을 언제까지 이루고 싶은가?

● 꿈을 이루게 되면 어떤 기분이 들까?

● 꿈이 이뤄지면 어떤 광경이 펼쳐질까?

● 이 꿈이 이뤄지면 기뻐해줄 사람은 누구인가?

● 꿈을 이루도록 도와준 사람은 누구이며, 몇 명 정도인가?

● 꿈을 이룬 당신을 축하해주기 위해 사람들이 모였다. 그곳은 어디인가? 누가 있나? 몇 사람 정도인가? 당신은 어떤 인사를 하는가? 누가 어떤 축하인사를 전하는가? 그곳에 생각지도 못한 은인이 나타날지도 모른다. 그는 누구인가?

● 꿈을 이루는 과정에서 인상적인 일, 즐거웠던 일, 그리고 배운 점은 무엇인가? 어떤 과제가 있었으며, 당신은 그것을 어떻게 극복했는가?

● 꿈을 이루는 데 효과적이었던 일은 무엇인가?

- 꿈이 이뤄지면 당신의 인생은 어떤 변화가 생길까?

- 그 밖에 덧붙이고 싶은 일을 생각나는 대로 많이 써보자.

- 이상의 내용을 정리한 글이 어느 잡지나 책에 실리게 될 것이다. 그렇다면 어떤 잡지(책)에 어떤 제목으로 실릴까?

- 잡지나 책에 실린 당신의 글을 이곳에 옮겨적어보자.

【 저자의 보물지도 】

【 독자의 보물지도(1) 】

【 독자의 보물지도(2) 】